数字经济时代下
全媒体营销管理创新

罗雪菲 ◎著

重庆出版集团 重庆出版社

图书在版编目(CIP)数据

数字经济时代下全媒体营销管理创新/罗雪菲著. —重庆:重庆出版社,2023.1
ISBN 978-7-229-17452-1

Ⅰ.①数… Ⅱ.①罗… Ⅲ.①营销管理 Ⅳ.①F713.56

中国版本图书馆CIP数据核字(2022)第250118号

数字经济时代下全媒体营销管理创新
SHUZI JINGJI SHIDAIXIA QUANMEITI YINGXIAO GUANLI CHUANGXIN
罗雪菲 著

责任编辑:钟丽娟 阚天阔
责任校对:何建云
封面设计:徐芳芳

重庆出版集团 出版
重庆出版社

重庆市南岸区南滨路162号1幢 邮编:400061 http://www.cqph.com
北京四海锦诚印刷技术有限公司印刷
重庆出版集团图书发行有限公司发行
E-MAIL:fxchu@cqph.com 邮购电话:023-61520646
全国新华书店经销

开本:787mm×1092mm 1/16 印张:10 字数:190千
2023年5月第1版 2023年5月第1次印刷
ISBN 978-7-229-17452-1
定价:58.00元

如有印装质量问题,请向本集团图书发行有限公司调换:023-61520678

版权所有 侵权必究

前　言

数字经济是互联网、云计算、大数据、人工智能等新一代信息技术与经济社会各个方面深度融合后产生的结果，是引领全球经济增长的重要引擎之一。全媒体是在具备文字、图形、图像、动画、声音和视频等各种媒体表现手段基础之上进行不同媒介形态（纸媒、电视媒体、广播媒体、网络媒体、手机媒体等）之间的融合，产生质变后形成的一种新的传播形态。全媒体通过提供多种方式和多种层次的各种传播形态来满足受众的细分需求，使得受众获得更及时、更多角度、更多听觉和视觉满足的媒体体验。

随着信息技术革命向纵深发展，互联网时代进入下半场，媒介融合如火如荼，智能传播技术日新月异，极大地改变着社会信息传播和交换方式。全媒体的时代逐渐到来，全媒体营销是在新时代媒体融合趋势下产生的一种媒体营销新模式。本书围绕数字经济时代下全媒体营销管理进行研究，提出当下营销人才要具备对新知识、新技能的学习能力和创新能力，掌握与媒体市场相关的管理、运作管理等，熟悉媒体特点、营销组合及应用，具备为传媒机构、企业的整体营销活动进行策划、开拓市场、维护客户的能力。本书以"数字经济"作为全媒体营销的基座，从需求满足的角度出发，初步构建起全媒体营销理念的模型，并在创新营销管理方面进行探索，对从事营销管理专业的研究学者有学习和参考的价值。

本书在撰写过程中，借鉴、参考和引用了许多国内外作者的观点和有关资料，在此谨向各位作者表示衷心的感谢。由于作者水平有限，难免会有不妥之处，敬请广大读者及同行专家不吝赐教。

目 录

前　言 …………………………………………………………………………… 1

第一章　数字经济概述 …………………………………………………………… 1
第一节　数字经济产生的背景及意义 ……………………………………… 1
第二节　数字经济的内涵及特征 …………………………………………… 5
第三节　数字经济的技术及应用发展迅猛 ………………………………… 11

第二章　全媒体营销理论基础 …………………………………………………… 16
第一节　互联网技术基础 …………………………………………………… 16
第二节　互联网社会基础 …………………………………………………… 21
第三节　全媒体营销的原则 ………………………………………………… 27
第四节　全媒体营销的方式 ………………………………………………… 31

第三章　全媒体营销模型的建构 ………………………………………………… 49
第一节　全媒体营销模型建构要素 ………………………………………… 49
第二节　全媒体营销的核心理念及特征 …………………………………… 59
第三节　全媒体营销模型的基础架构及建构方法 ………………………… 66

第四章　全媒体广告经营管理 …………………………………………………… 80
第一节　全媒体广告概述 …………………………………………………… 80
第二节　全媒体广告经营 …………………………………………………… 88
第三节　全媒体广告管理 …………………………………………………… 95

第五章　全媒体移动营销 ………………………………………………………… 103
第一节　移动广告营销 ……………………………………………………… 103
第二节　微博营销 …………………………………………………………… 105

第三节　微信营销 ………………………………………………… 110
　　第四节　App 营销 ………………………………………………… 119

第六章　全媒体营销前沿 …………………………………………… 124
　　第一节　第三方平台营销 ………………………………………… 124
　　第二节　场景营销 ………………………………………………… 137
　　第三节　直播营销 ………………………………………………… 142
　　第四节　VR 营销 ………………………………………………… 146

参考文献 ………………………………………………………………… 151

第一章　数字经济概述

第一节　数字经济产生的背景及意义

一、数字经济产生的背景

（一）世界各国积极搭乘数字经济发展快车

数字经济是全球投资增长和发展的主要动力，它可以提升所有行业的竞争力，为商业和创业活动提供新机会、帮助企业进入海外市场和参与全球电子价值链，也为解决可持续发展问题提供了新的工具。麦肯锡全球研究院（MGI）发布的《中国的数字经济：全球领先力量》认为，中国是世界上几个最活跃的数字投资和创业生态系统之一，并认为中国数字市场的上行潜力比许多观察者预期的要大得多。数字经济正在成为全球经济发展的新动能。

（二）数字经济首次列入 G20 峰会议题

2016 年，中国作为二十国集团（G20）主席国，首次将"数字经济"列为 G20 创新增长蓝图中的一项重要议题，于 9 月 4—5 日举行的 G20 杭州峰会上，通过了《G20 数字经济发展与合作倡议》（以下简称《倡议》），这是全球首个由多国领导人共同签署的数字经济政策文件。《倡议》敏锐地把握了数字化带来的历史性机遇，为世界经济摆脱低迷、重焕生机指明了新方向，提供了新方案，带来了新希望。《倡议》阐述了数字经济的概念、意义和指导原则，提出了创新、伙伴关系、协同、灵活、包容、开放和有利的商业环境、注重信任和安全的信息流动等七大原则，明确了宽带接入、ICT 投资、创业和数字化转型、电子商务合作、数字包容性、中小微企业发展等数字经济发展与合作的六大关键优先领域，在知识产权、尊重自主发展道路、数字经济政策制定、国际标准的开发使用、增强信心和信任、无线电频谱管理等六大领域鼓励成员加强政策制定和监管领域的交流，营造开放和安全的环境。面向未来，将鼓励 G20 成员国开展多层次交流，交流政策制定、立法经验和最佳实践，在培训和研究领域积极开展合作，与国际组织及其他团体积极互动，共同推动数字经济快速健康发展。

（三）数字经济写入我国政府工作报告

2017年3月5日召开的十二届全国人大五次会议上，国务院总理李克强在做政府工作报告时表示，将促进数字经济加快成长，让企业广泛受益、群众普遍受惠。这是"数字经济"首次被写入政府工作报告，既是对近年来以互联网为核心的新兴商业模式的肯定，也是对中国经济未来发展模式的一种新的探索。全国人大代表、腾讯公司董事会主席兼首席执行官马化腾说，"互联网+"是手段，数字经济是结果，网络强国是目的，一脉相承，我们应顺应这一历史潮流，充分发挥我国作为世界互联网最大单一市场的优势，做大做强数字经济，推动网络强国战略落地。全国政协委员、苏宁控股集团董事长张近东认为，应建立政府主导、市场化运作的数据全生命周期管理顶层设计，引导全社会实现数据开放共享，并完善管理环节，实现数据价值挖掘与信息保护的健全机制，在大数据时代的国际竞逐中占领制高点。

（四）我国出台《促进大数据发展行动纲要》

2015年8月31日国务院印发《促进大数据发展行动纲要》，提出我国互联网、移动互联网用户规模居全球第一，拥有丰富的数据资源和应用市场优势，大数据部分关键技术研发取得突破，涌现出一批互联网创新企业和创新应用，一些地方政府已启动大数据相关工作。坚持创新驱动发展，加快大数据部署，深化大数据应用，已成为稳增长、促改革、调结构、惠民生和推动政府治理能力现代化的内在需要和必然选择。在全球范围内，运用大数据推动经济发展、完善社会治理、提升政府服务和监管能力正成为趋势，有关发达国家相继制定实施大数据战略性文件，大力推动大数据发展和应用。

二、中国发展数字经济的战略意义

全球金融危机之后，世界经济进入了深度调整创新阶段。一方面是传统经济持续低迷、发展疲软；另一方面则是以互联网为基础的数字经济快速崛起，展现出十分强劲的生命力。这种新旧经济交替的壮阔图景在我国表现得更加清晰明显。随着全球信息化步入全面渗透、跨界融合、加速创新、引领发展的新阶段，我国也借势深度布局、大力推动数字经济的发展，从而使其逐渐成为整体经济创新发展的强大引擎，并为全球经济复苏和优化发展提供借鉴和启发。数字经济是在计算机、互联网、通信技术等新一轮信息革命的基础上发展起来的，因此也被称为信息经济。对于正处在整体经济转型升级关键期的中国经济而言，发展数字经济显然具有十分重要的特殊意义，有利于推动新常态下我国经济发展和创新战略的落地。

（一）经济新常态需要发展新引擎

经过 40 多年的高速增长，我国经济逐渐步入增速放缓、结构升级、动力转化的新常态阶段，整体发展环境、条件和诉求都发生了深刻改变。因此，如何认识、适应和引领新常态，打造经济发展新动能，便成为我国实现经济跨越式发展的根本议题。特别是要化解经济新常态下"中等收入陷阱"这一最大风险，必然离不开发展引擎的转变。

（二）信息革命推动社会生产生活方式变革

当前愈演愈烈的信息革命为我国打造新动能、跨越曾经普遍困扰各国经济发展的"中等收入陷阱"提供了历史性机遇。从人类社会的发展历史来看，每一次产业革命都将实现社会生产力的巨大提升：农业革命推动人类从采集捕猎转为种植畜养，大大增强了人们的生存能力，使社会从野蛮、蒙昧时代进入文明时代；工业革命推动家庭作坊式的手工生产形态走向规模化的机器大生产，极大地提升了人类社会的生产能力，改变了以往的物质匮乏状况。同样，以计算机、互联网、通信等先进技术为代表的信息革命推动了社会生产生活方式的数字化、网络化、信息化、智能化。数字化工具、数字化生产、数字化产品等数字经济形态快速崛起，为新常态下我国经济发展提供了新动能。

（三）数字经济拥有广阔的发展前景

基于互联网信息革命发展起来的数字经济不仅深度释放了原有的社会生产力，也创造出了更具价值的全新的生产力。数字经济的快速崛起和发展，大大提高了现代经济效益，推动了经济结构的转型升级，成为全球经济走向复苏与繁荣的重要驱动力量。金融危机之后，数字经济在全球整体经济发展疲软的大背景下逆势而上，呈现出巨大的发展活力：大数据、云计算、物联网、移动互联网、智能机器人、3D 打印、无人驾驶、VR/AR 等各种信息技术创新与应用不断涌现，在颠覆重塑诸多传统产业的同时，也不断创造出新的产业、业态与模式。更令人充满期待的是，数字经济的发展其实才刚刚开始，当前所处的发展阶段其实只相当于工业革命中的蒸汽机时代，真正让人震撼的伟大产品其实还没有出现。

（四）发展数字经济成为国家战略选择

当前，欧美等发达地区和国家都将发展数字经济提升到国家战略高度，如美国的工业互联网、德国的"工业 4.0"、日本的机器人新战略、欧盟地区的数字经济战略等。面对新一轮互联网信息化革命浪潮，我国政府也根据基本国情和整体需要，提出"网络强国"的发展战略，积极推进"数字中国"建设，从而使得数字经济上升到国家战略层面，成为新常态下经济结构转型升级和跃迁式发展的新动能。

三、中国发展数字经济的优势

目前，中国发展数字经济有着自身独特的优势和有利条件，起步很快，势头良好，在多数领域开始形成与先行国家同台竞争、同步领跑的局面，未来在更多的领域存在领先发展的巨大潜力。

（一）高速发展的信息基础设施基本形成

（1）建成了全球最大规模的宽带通信网络。截至2020年底，互联网宽带接入端口数量达到9.46亿个，覆盖全国所有城市、乡镇。

（2）网络能力得到持续提升。全光网城市由点及面全面推开，城市家庭基本实现100兆光纤全覆盖。

（3）网民优势酿造了中国数字经济的巨大潜能。截至2021年6月底中国网民规模破十亿，达10.11亿人，互联网普及率达到71.6%。

（二）数字经济全面渗透到生产生活各个领域

1. 数字经济正在引领传统产业转型升级

以制造业为例，工业机器人、3D打印机等新装备、新技术在以长三角、珠三角等为主的中国制造业核心区域的应用明显加快，大数据、云计算、物联网等新的配套技术和生产方式开始得到大规模应用。

2. 数字经济开始融入城乡居民生活

根据相关报告，网络环境的逐步完善和手机上网的迅速普及，使得移动互联网应用的需求不断被激发，基础应用、商务交易、网络金融、网络娱乐、公共服务等个人应用发展日益丰富，其中手机网上支付增长尤为迅速，网上支付线下场景不断丰富。各类互联网公共服务类应用均实现用户规模增长。此外，数字经济正在变革治理体系，倒逼传统的监管制度与产业政策加快创新步伐。

（三）数字经济推动新业态与新模式不断涌现

（1）中国在多个领域已加入全球数字经济的领跑者行列。近年来，中国在电子商务、电子信息产品制造等诸多领域取得"单打冠军"的突出成就，一批信息技术企业和互联网企业进入世界前列。

（2）中国分享经济正在成为全球数字经济发展的排头兵。国家信息中心发布的《中国共享经济发展报告（2022）》显示，2021年中国共享经济市场交易规模约36881亿元，同比增长约9.2%，增速较上年明显提升，继续呈现出巨大的发展韧性和潜力。

（3）中国电子商务继续保持快速发展的良好势头。《中国电子商务报告2020》显示，2020年，全国电子商务交易额达37.21万亿元（人民币，下同），同比增长4.5%。其中，商品类电商交易额27.95万亿元，服务业电商交易额8.08万亿元，合约类电商交易额1.18万亿元。全国网上零售额达11.76万亿元，同比增长10.9%。其中，实物商品网上零售额9.76万亿元，同比增长14.8%。

第二节　数字经济的内涵及特征

当今世界正发生着人类有史以来最为迅速、广泛、深刻的变化。以信息技术为代表的高新技术突飞猛进，以信息化和信息产业发展水平为主要特征的综合国力竞争日趋激烈。数字经济对经济发展和社会进步带来的深刻影响，引起了世界各国的普遍关注。发达国家和发展中国家都十分重视数字经济的发展，把加快推进信息化作为经济和社会发展的战略任务。

一、数字经济的概念与内涵

数字经济是继农业经济、工业经济之后一种全新的经济社会发展形态，不同时期、不同学者或机构对数字经济的定义并不相同，目前还没有统一的定论。从字面意思上来理解，数字经济就是在数字技术的基础上形成的经济，是数据信息在网络中流行而产生的一种经济活动。大多数专家们认为，数字经济是指一个经济系统，在这个系统中，数字技术被广泛使用并由此带来了整个经济环境和经济活动的根本变化。数字经济也是一个信息和商务活动都数字化的全新的社会政治和经济系统。企业、消费者和政府之间通过网络进行的交易迅速增长。

（一）数字经济概念的起源与发展

数字经济的概念可以追溯到20世纪90年代加拿大学者泰普斯科特（Tapscott）出版的《数据时代的经济学——对网络智能时代机遇和风险的再思考》和美国学者尼葛洛庞帝（Negroponte）出版的《数字化生存》，两位学者深入研究了互联网的出现对经济社会的冲击与影响。泰普斯科特首次提到数字经济时代，并前瞻性地提出了各行业企业数字化转型的路线图，包括数字化创意开发、数字化流程实施、数字化产品设计、数字化制造和营销、数字支持型产品销售等方法。尼葛洛庞帝提出了"数字化生存是以信息技术为基础的新的生存方式"，在数字化环境中，生产力要素的数字化渗透、生产关系的数字化重构、经济活动的全面数字化等呈现出一种全新的社会生活方式。今天我们仍然能够感受到两位学者对数字经济相关研究的前瞻性和洞察力。

但是，数字经济发展真正进入黄金时代，是智能手机和移动互联网的出现与快速渗透，伴随着移动接入端的快速膨胀，全球范围内的网络连接产生了巨大的数据量，催生了云计算、大数据等海量数据分析技术及处理平台，对经济社会发展中产生的海量数据进行分析和提炼，形成有价值的知识再在经济社会发展中使用，产生了大量的新业态、新模式，可以统称为"数字经济"。

综合国际社会关于数字经济概念的研究成果，以及信息通信技术融合创新发展的实践，数字经济是全社会信息活动的经济总和。理解数字经济有三个关键词：①信息是一切比特化的事物，是与物质、能量相并列的人类赖以利用的基本生产要素之一；②信息活动是为了服务于人类经济社会发展而进行的信息生成、采集、编码、存储、传输、搜索、处理、使用等一切行为以及支持这些行为的ICT制造、服务与集成；③信息活动具有社会属性、媒体属性和经济属性，我们所讲的数字经济关注的信息活动的经济属性是信息活动的经济总和。

（二）数字经济的内涵

数字经济是互联网发展到成熟阶段后产生的经济形态，数字经济已经超越了信息产业范围与互联网技术范畴，具有更加丰富的内涵。

1. 数字经济是一种经济社会形态

数字经济是继农业经济、工业经济之后的一种新的经济社会发展形态，要站在人类经济社会形态演进的历史长河中看待数字经济的深刻长远影响。

2. 数字经济是一种基础设施

数字经济不仅仅在技术层面和工具层面，而且是一种网络化的基础设施，像工业时代建立在电力、交通等物理基础设施网络之上一样，未来经济社会发展会建立在数字基础设施之上，传统基础设施在物联网技术支撑下也会全面实现数字化，进入万物互联时代。

3. 数字经济是一种技术经济范式

从科学技术发展史看，数字技术是与蒸汽机、电力同等重要的"通用目的技术"（GPT），必然重塑整个经济和社会，数据成为最重要的生产要素，重构各行各业的商业模式和盈利方式，未来所有产业都是数字化产业，所有企业都是数字化企业。

二、数字经济的基本特征

数字经济受到三大定律的支配。第一个定律是梅特卡夫法则（Metcalf's Law）：网络的价值等于其节点数的平方。所以网络上联网的计算机越多，每台计算机的价值就越大，"增值"以指数关系不断变大。第二个定律是摩尔定律（Moore's Law）：计算机硅芯片的处理能力每18个月就翻一翻。第三个定律是达维多定律（Davidow's Law）：进入市场的第一代产品能够自动获得50%的市场份额，所以任何企业在本产业中必须第一个淘汰自己的产品。实际上，达维多定律体现的是网络经济中的"马太效应"。这三大定律决定了数字经济具有以下五个基本特征。

（一）数字化

以二进制的形式来表示和处理信息，将包括文字、图片、视频、声音等在内的诸多信息转化为计算机能够读取、处理和传输的二进制代码。20世纪中叶计算机的发明标志着数字化的起步，这一时期主要的商业模式是芯片生产和制造、计算机生产和制造、操作系统开发、相关软件开发等，代表公司为IBM、微软、英特尔。虽然如今大部分信息都能以数字化的形式表示，但数字化的进程仍远未结束，还有大量信息和设备游离在数字系统之外。

在共享时代，为促进数字经济发展，必须通过延伸共享经济领域，推动传统产业向数字化转型，从而利用数字技能推动共享经济与数字经济的深度融合创新。鼓励共享经济深度发展，拓宽应用领域，为与数字经济融合提供条件。伴随信息技术的发展尤其是"互联网+"的发展，共享经济模式成为创业首要选择，从餐饮住宿、金融借贷、交通出行、医疗保健到房屋租赁、科研实验、创意设计等，在更多领域与数字经济开展融合，从而促进共享经济和数字经济的双向发展。

（二）网络化

通过网络通信技术实现人与人、人与物、物与物之间的实时连接。21世纪60年代末，阿帕网的诞生标志着网络化的萌芽，20世纪90年代以后互联网的全球普及为数字经济发展构筑了至关重要的基础设施。截至2021年1月，全球手机用户数量为52.2亿，互联网用户数量为46.6亿，而社交媒体用户数量为42亿。除了互联网以外，物联网也在高速成长。根据全球移动通信系统协会（GSMA）统计数据显示，2010—2020年全球物联网设备数量高速增长，复合增长率达19%；2020年，全球物联网设备连接数量高达126亿个。"万物物联"成为全球网络未来发展的重要方向,据 GSMA 预测,2025 年全球物联网设备(包括蜂窝及非蜂窝)联网数量将达到约 246 亿个。万物互联成为全球网络未来发展的重要方向。

全球网络空间治理体系要想实现深度变革,离不开数字经济。换句话说,准确的定位和聚焦于数字经济,就回答了推进全球网络空间治理体系变革是为了什么的问题。即以数字经济为驱动力,推动网络空间开放、合作、交流、共享,让互联网更好助力经济发展、社会进步、生活改善,做到发展共同推进、安全共同维护、治理共同参与、成果共同分享。

(三)智能化

人工智能研究在多个领域实现突破,数字经济进入以智能化为核心的发展阶段。目前其商业模式还主要集中在单一的弱人工智能应用上,包括语音识别、自动驾驶、机器人写稿、图像识别、医疗辅助等诸多领域,代表性公司有谷歌、百度、科大讯飞、阿里巴巴、苹果、NVIDIA 等。未来,智能化技术发展将对数字经济发展产生质变效应,推动人类生产生活方式的新变革。

利用共享时代的优势,加快传统企业的数字化转型,将是未来所有企业的核心战略。在共享时代利用个人、企业、政府甚至社会的闲置资源,依靠互联网、大数据、云计算等数字技能,推动传统企业向数字化转型发展。传统企业依靠"互联网+企业"的模式,应用数据化思维,建立连接内外资源、协作共享的机制,通过建立数字化的协同平台以及资源、财务、法务共享平台,实现互联互通,做到精细化管理,最终实现传统企业的智能化发展。

(四)商业化

数字经济将会对众多产业造成颠覆性影响,传统商业模式已不能满足需要,因此,未来必须重新构建商业模式。共享时代,数字资源的"共享价值"超过了"交换价值"、社会资本将会与金融资本处在同等重要的位置、合作共赢将会超越竞争、商品使用权将会超越所有权、可持续性替代消费主义,一系列的变化推动着新的商业模式的出现。数字经济未来将会以大数据、云计算、互联网以及人工智能为线索,在传统商业模式基础上进行重新设计,构筑依靠数字产品横向延伸价值链和依靠数字技术纵向衍生产业链的基本商业模式,以及依靠数字技术来驱动的跨行业、跨区域商业模式。

(五)共享化

首先,共享时代要求数字资源的共享性。数字经济的一大发展方向应当是不断拓展数字信息资源,发展关于数字技术的集成、存储、分析以及交易业务,在共享时代下释放数字技术资源的新价值。其次，共享时代需要数字技术与产业融合发展，以便创造出更多的商业发展模式。数字技术与产业融合成为数字经济的重要发展方向，通过产业融合，实现产业数字化、智能化，产业的边界逐渐模糊，最终形成产业开放化发展以及产业向价值网络的转型升级。最后，共享时代要求数字经济发展具有强大的服务功能，由此才能带动对共享商业模式的更多需求。融合服务业与数字技术发展的服务型数字产业是共享时代数字经济发展的重要方向，也体现出数字经济在共享时代的应用性，以数字技术为基础的数字金融、智能支付、智慧物流、智慧健康、电子商务、数字信息服务等服务型产业将在共享时代迅猛发展。

三、数字经济的类型

数字经济是以数字化信息为关键资源，以信息网络为依托，通过信息通信技术与其他领域紧密融合，形成了五个类型。

（一）基础型数字经济

传统的信息产业构成了基础型数字经济，它是数字经济的内核。

（二）融合型数字经济

信息采集、传输、存储、处理等信息设备不断融入传统产业的生产、销售、流通、服务等各个环节，形成了新的生产组织方式，传统产业中的信息资本存量带来的产出增长份额，构成了融合型数字经济。

（三）效率型数字经济

信息通信技术在传统产业的普及，促进全要素生产率提高而带来的产出增长份额，构成了效率型数字经济。

（四）新生型数字经济

信息通信技术的发展不断催生出新技术、新产品、新业态，称为新生型数字经济。

（五）福利型数字经济

信息通信技术普及所带来的消费者剩余和社会福利等正的外部效应，构成了福利型数字经济。

四、数字经济未来的发展趋势

数字经济与共享经济的融合,推动了共享时代的发展。同时,共享时代也给数字经济发展提出了新的要求,使之有别于传统的发展模式,呈现出以下七种新的发展趋势。

(一)数字经济内涵外延将持续快速扩展

当前全球对数字资源重要性的认识、全球数字技术的创新发展等已非昔日可比,诞生出云计算、物联网、大数据、人工智能、虚拟现实等新技术新应用和平台经济、共享经济等新模式、新业态。可以说,今天所说的数字经济,实际上是一种"新数字经济"。未来,随着技术的发展、模式的创新和认识的提升,数字经济的内涵将进一步创新。

(二)需求增长将鼓足数字经济发展动力

从消费层面看,我国正处于消费升级期,数字消费又是消费的重点。从产业层面看,我国正处于产业升级期,大数据正成为与土地、劳动等同等重要的生产要素,智能制造正在引发新一轮制造业变革,数字化、虚拟化、智能化技术将贯穿产品的全生命周期,云计算、大数据、物联网技术等将加快向传统行业渗透切入,产业升级需求将孕育更加广阔的市场空间。从创新层面看,数字经济将成为创新创业的重要领域,具有规模的智力资源、资金资源将涌入数字经济领域,为其发展注入持续动力。

(三)政策创新将优化数字经济发展环境

后金融危机时代,各个国家都在数字经济领域发力,试图加快经济转型,实现可持续发展。我国也在近两年持续推出了多个规划、指导意见,以加快推动大数据、互联网等数字经济领域的发展。未来,国家对数字经济的重视,将推动相关产业政策的创新,从而进一步优化数字经济的发展环境。

(四)数字经济发展将加速完善保障支撑

推动数字经济发展,需注重配套保障建设。在基础保障方面,将进一步推进宽带网络升级、提高互联网普及率、发展新型应用基础设施。在创新保障方面,将加快信息技术创新步伐,推动数字技术与各领域的协同创新,打造公共创新服务载体,优化创业创新孵化空间。在安全保障方面,将加快建设关键信息基础设施安全保障体系,增强网络空间安全防御能力,加强数据资源和用户信息安全防护。在统计保障方面,将探索建设适应数字经济特点的统计体系,使数字经济发展成果可见、可观,为数字经济的进一步发展鼓足干劲。

（五）数字红利共享机制建设将加速推进

要实现共享发展就要让数字经济发展的红利实现普惠性释放，为此需要推进打造相关机制，比如数字就业促进机制、数字技能提升机制、数字精准扶贫机制、数字政府强效机制等。

（六）数字经济与资本的关系将更加密切

信息技术、互联网、云计算、大数据等已成为资本市场瞩目的焦点。未来，随着数字经济的发展，它与资本的关系更加密切。一方面，资本市场的大力支持将推动数字经济的发展；另一方面，数字经济的发展将提升效率，对资本市场长远发展产生积极影响。

（七）数字经济将成为推动全球化的新平台

数字经济本身就是全球经济，能够扩大贸易空间，提高资本利用效率，在促进市场竞争的同时催生创新。未来，随着数字经济的发展，将给世界各国带来新的全球化平台，各国有望通过数字市场的不断开放，加速国内市场和国际市场相互融合，实现互利共赢。

第三节　数字经济的技术及应用发展迅猛

数字经济要在中国落地，需要动员各界的力量，运用数字技术来解决问题。"互联网+"是一个技术手段，数字经济是结果。作为数字经济发展的依托，网络信息技术产业是一个相对宽泛的概念，目前正以互联网、大数据、云计算、人工智能、区块链等技术为发展热点，为数字经济发展提供技术条件和产业基础。

一、互联网发展基本面向好

（一）全球网民渗透率将近过半

截至2021年1月，世界人口数量为78.3亿，互联网用户数量为46.6亿，占总人口的比例为59.51%，占比超过一半。冰岛、丹麦、荷兰、挪威、塞浦路斯等国家的互联网普及率已超过95%，"国民即网民"的状态加快来临。就规模来看，中国、印度、美国、巴西、印尼、日本和俄罗斯等七个国家的网民规模居前，均超过1亿人。印度和印尼两个人口大国近年来网民规模增长迅速。

我国网民规模经历10多年的快速增长后，人口红利逐渐消失，网民规模增长率趋于稳定。根据中国互联网络信息中心（CNNIC）数据，截至2021年12月，我国网民规模达10.32亿，较2020年12月增长4296万，互联网普及率达73.0%。

（二）互联网终端进入后移动时代

移动互联网已有十几年的发展历程。十多年来，移动互联网高歌猛进，极大颠覆了传统互联网的商业模式，催生了共享经济、O2O等诸多新业态。移动互联网成为互联网产业发展的主要基础设施。

二、云计算全面升级

历经十几年发展，在政府大力支持和各方共同努力下，我国云计算产业迎来了繁荣发展的良好局面，在市场规模、关键技术、行业应用等方面均取得了优异成绩。无论是互联网领域还是政务、金融、工业、交通等传统行业，均把"上云"作为信息化建设的重要工作。

在《中华人民共和国国民经济和社会发展第十四个五年规划和2035年远景目标纲要》强调"加快数字化发展，建设数字中国"的新形势下，以云计算为代表的新一代数字技术迎来了为全产业数字化转型赋能的历史性机遇。进入2022年，云计算将在数字化新时代，全面升级技术能力和赋能水平，为推进我国数字经济快速发展、助力千行百业数字化转型筑起稳固之基。

（一）云计算的使命是为全面推进数字化转型而筑基

云计算历经十几年发展已愈发成熟，呈现出繁荣发展态势。在全球云计算市场增速明显滑坡的情况下，我国云计算市场仍呈爆发式增长之势。中国信通院数据显示，2020年我国云计算整体市场规模达2091亿元，增速56.6%，预计到2024年，公有云市场规模将接近6000亿元，私有云市场规模将超过1800亿元。历经多年发展，在政府部门大力引导和各方共同推动下，我国云计算产业取得了重大进步，相关关键技术取得重大突破，云计算产品和服务供给能力极大提升。从整体看，云计算产业生态已经进入繁荣期，云计算领域相关龙头企业已在国际上形成较大影响力，云原生、边缘计算、SaaS等新技术领域的创新型企业也呈现出巨大发展潜力。政务、金融、工业、交通等传统行业上云率持续攀升，重点行业和典型场景的应用范例正逐步增加。

数字经济是中国实现高质量发展的重要推动力，全产业数字化转型势在必行。近两年关于数字化转型的政策集中出台，为促进我国企业数字化转型发展提出指导意见和推动措施。尤其是在《中华人民共和国国民经济和社会发展第十四个五年规划和2035年远景目标纲要》中，将"加快数字化发展，建设数字中国"作为独立篇章，强调"加快建设数字经济、数字社会、数字政府，以数字化转型整体驱动生产方式、生活方式和治理方式变革"。根据中国信通院发布的《中国数字经济发展白皮书（2021）》，2020年我国产业数字化规模达31.7亿元，占数字经济比重80.9%，占GDP比重31.2%。农业、工业、服务业数字经济渗透率分别为8.9%、21%和40.7%，产业数字化转型提速，融合发展向深层次演进。可以预见，未来数字经济与数字化转型将成为我国经济社会高质量发展的主线，来自千行百业的政企机构在此历史契机下，将聚焦云计算等新一代数字技术，促进技术、业务、人才、资本等要素资源配置优化，推动业务流程、生产方式重组变革。

数字化新时代下，云计算筑基作用愈发凸显。云计算、大数据、边缘计算、物联网、区块链、人工智能、5G等新一代数字技术的持续发展突破，为社会数字化转型发展奠定了坚实基础。云计算作为新型基础设施之一，是构建新型IT架构的承载技术。云计算从底层看，实现了对数字资源的集约化统筹、灵活调度、统一运营和智能化运维管理，为数字化转型构建了稳健的底座；从中层来看，云计算正在做厚中台，实现对技术和资源的组件化封装以及上层业务的持续沉淀，是数字化转型的关键方向之一；从上层来看，云计算通过更加灵活的SaaS服务或云化软件方案，对传统商业套装软件进行拆分解构，灵活构建"松耦合"的信息系统，快速响应场景化业务需求。整体看，云计算是数字化转型的重要引擎，在数字经济加速发展、数字化转型工作逐步深入的大趋势下，云计算的重要性将愈发凸显。

（二）从云计算IaaS层面看，建设分布式云统筹"云边端"资源将成为重要趋势

从资源层面看，云计算多样性、分布式基础设施的一体化趋势明显，分布式云满足了多样性计算需求。算力的分布式部署是云计算从单一数据中心向不同物理位置多数据中心部署、从中心化架构向分布式架构扩展带来的新模式。在该模式下，"中心-区域-边缘"的算力处理能力深入到传统集中式计算处理模式无法覆盖到的边缘应用场景，并通过多种算力基础设施的协同，为各种计算场景提供有针对性的算力。一方面，利用多种计算架构解决多样性数据处理的问题，如计算密集型应用需要中心计算平台执行逻辑复杂的调度任务，而数据密集型应用则需要边缘计算高效地完成多样性数据接入及海量数据处理。另一方面，"云计算+边缘计算"的新型算力处理模式逐步代替集中式算力处理模式。如CPU、DSP、GPU、FPGA等算力服务开始从云端向边缘侧扩展，通过提高边缘侧算力处理能力和云边协同能力，达到算力服务分布式发展的最终目标。

分布式云通过"云边端"协同扩展边缘侧算力应用范围，助力行业数字化发展。得益于物联网、5G 等技术的蓬勃发展，分布式云已经从最初的中心云与边缘云协同，扩展到覆盖中心云、边缘云、边缘设备、物联网设备等的"云边端"综合性技术架构体系。该架构体系能够提供高效灵活的部署方式，使云边协同在更多复杂的场景中应用，进而推动"云网边"一体化应用在不同边缘场景中落地。以容器为代表的云原生技术向边缘侧下沉，利用轻量化、部署简单、规范统一、多环境兼容、快速启动、易扩容、易迁移等特点，为边缘应用在边缘环境资源紧张、边缘设备异构严重、服务管理需求复杂等环境提供了新的部署方式。分布式云针对不同的业务场景和行业属性，助力行业用户快速进行数字化转型，以工业制造领域为例，基于分布式云的智能工厂平台为现场级的边缘节点赋予实时计算能力，助力生产设备的预测性维护，实现智能运营管理和数字化生产。

（三）从云计算 PaaS 层面看，智慧中台、低代码平台等数字平台建设逐步引发关注

建设以技术中台、数据中台和业务中台为代表的智慧中台，是提升云计算数字化赋能能力的重要内容。技术中台依托以微服务、DevOps 和容器为代表的云原生技术，融合大数据、人工智能、区块链等新一代信息技术，实现企业技术资源优化配置、弹性调度，提供企业柔性的软件生产能力；数据中台依托企业海量的数据资源，通过数据湖等方式，汇集贯穿业务的开发、部署、上线、运营整个生命周期数据，构建完整的数据归集、分析、应用和开放平台，提升数据的资产化转换，为业务创新和高层决策提供可信依据；业务中台将业务过程中的标准化能力进行拆分、沉淀并持续迭代升级，在各业务板块之间实现连接与协同，成为业务创新发展的可复用能力。在数字化转型的建设过程中，智慧中台作为"业技融合"的关键结合位置，将愈发得到重视。

以低代码/无代码为代表的创新型开发平台引发行业关注。传统的开发方法交付周期长，存在过多的重复性、"烟囱式"基础工作，并且技术和人力投入成本偏高，导致业务交付周期长且定制能力弱，难以敏捷响应快速变化的市场需求。随着编程语言、可视化技术和云计算技术的发展，低代码/无代码开发概念逐渐清晰，为应用快速开发带来新的机会。低代码/无代码平台通过对业务进行抽象，以可视化开发的优势和"搭积木"方式快速进行应用开发，极大地降低了开发门槛，并利用低代码/无代码的扩展和集成能力，解决企业级复杂应用场景的构建问题，支持对应用开发、测试、部署的全生命周期管理。数字经济宏观发展趋势、企业业务快速迭代创新需求、软件工程发展需求等多重因素，正在加速低代码/无代码的快速发展。

（四）从云计算 SaaS 层面看，推进传统套装软件解耦，实现价值链重塑已达成共识

数字化转型以业务价值链重塑为核心，应用云化是关键路径。前期我国企业上云工作以资源层面上云为主，应用上云工作相对滞后，尤其对于工业、金融等传统领域的核心业务系统来说，上云工作并不充分，有相当比重传统企业的核心业务应用仍以部署传统套装软件为主。在开放化、智能化、数字化的发展趋势下，企业应梳理、研究各业务条线中商业价值与业务应用之间的关系，推进生产运营、经营管理、用户服务等重点场景的应用云化工作。一方面，数字化转型需要对原有业务单体应用，尤其是对一些开放性较差的传统套装软件进行拆分、解构，并提取其共性需求，将公共业务功能模块化，使其更具可复用的管理价值；另一方面，不同业务单元的横向贯通不仅发生在内部，利用云化应用相关接口的灵活性，开展企业的外部开放生态建设，提升产业链韧性，更有利于创造企业业务价值。

（五）展望云计算新阶段发展方向：更敏捷、更安全、更低碳、更理解行业

立足新发展阶段、构建新发展格局，云计算伴随着产业的需求也在不断进行自我革新与能力提升，整体看云计算在以下方向存在比较明确的机遇与挑战。

一是更敏捷。以云原生、中台等为代表的技术将持续提升云计算在资源提供和新技术赋能方面的敏捷性。可以预见，提升应用迭代速度、赋能用户应用创新的目标是没有止境的，敏捷性仍是云计算核心技术创新发展的重要方向。

二是更安全。传统安全体系通过部署各类安全产品，以应对网络安全、数据安全等问题，各安全产品功能定位明确，但彼此之间较为孤立和分散，作用局限、效率低，难以应对数字化时代日益复杂的安全风险。未来，随着"零信任"理念和"原生安全"理念的融合，云安全架构中各模块高效协同，最大限度保障数字基础设施中各资源和动态行为的可信。

三是更低碳。当下"双碳"目标正在重构我国的经济增长模式，推动各行各业通过数字化、智能化转型来提质增效、节能减排，实现高质量发展，以云计算为代表的数字技术在实现"碳中和"目标中的作用日益凸显，能够直接或间接推进碳减排，助力我国"碳达峰""碳中和"目标实现。

四是更理解行业。传统行业的上云工作已经步入"深水区"，对于工业、金融、交通、能源等领域，相对通用或基础的云计算产品在解决行业核心痛点方面已经明显不够"解渴"，为千行百业赋能、更匹配行业场景的行业云产品必将愈发丰富，这将为云计算产业带来更大的一片"蓝海"。

第二章　全媒体营销理论基础

第一节　互联网技术基础

一、互联网沙漏结构

沙漏体系结构是互联网最重要的设计特色。其基本内涵是网络仅仅提供基本的服务，即按照标准化协议以比特为单位进行数据传输，而真正的网络"智能"处于沙漏的两端：①上端代表服务提供者与使用者；②下端代表传输媒介与路由配置。在沙漏体系结构的边缘位置，很多事情都能在不干扰互联网正常运行的情况下运行，包括使用各种不同方式将一些新型设备接入网络。这种分层策略将传输与应用程序分离，大大激发了创造力，同时减轻了网络管理员的压力。因此，沙漏体系结构在为激发众多革新技术创建平台中起到了相当重要的作用。

二、网站技术

营销型企业网站是企业基于网站的网络营销的基础，是企业开展网络营销的重要组成部分，是网络营销的重要信息来源，与其他网络营销工具和方法相互依存、相互促进。网站的功能主要表现在八个方面：品牌形象、产品/服务展示、信息发布、顾客服务、顾客关系、网上调查、网上联盟、网上销售。

（一）分类

互联网营销网站可以基本分为三类。①信息发布型网站：企业网站的初级形式，是企业基本信息的载体，发布公司新闻、产品信息、采购信息、招聘信息、销售商和供应商所关心的内容，多用于产品和品牌推广以及与用户之间沟通，网站本身不具备完善的网上订单跟踪处理功能。②网上直销型网站：在发布企业产品信息的基础上，增加在线交易、支付、订单管理、用户管理、商品配送等功能。该网站的价值在于企业基于网站直接面向用户提供产品销售服务，改变传统的分销渠道，减少中间流通环节，从而降低成本，增强竞争力。③综合性企业电子化营销和经营网站：除了具备一般信息发布型网站的基本内容之外，在顾客服务、顾客关系方面都精心设计，并且建立一套完整的网上零售体系，可以快速满足用户的个性化需求。该网站把企业营销体系贯穿于网站建设，整个网站体现企业的经营思想、经营方针、目标市场以及 4P 等方面。

（二）开发方式

互联网营销网站开发主要有四种方式。①购买：程序源代码归企业所有，开发时间短，需要专业人员少，适用于小型企业；②租借：企业只拥有使用权（通常是一年），在需要经常维护或者购买成本很高的情况下，该方式比购买方式更有优势，适用于无力大量投资于电子商务的中小型企业；③外包：将开发商的技术优势与企业电子商务的需求相结合；④自建：更好地满足自身的具体要求，适用于有资源、时间及技术实力的企业。

（三）开发工具

目前，网站开发工具主要有五种。① Microsoft FrontPage：是一款轻量级静态网页制作软件，特别适合新手开发静态网站的需要，但目前该应用很少用于制作网页；② Dreamweaver：该软件已成为专业级网页制作程序，支持 HTML、CSS、PHP、JSP 以及 ASP 等众多脚本语言的语法着色显示，同时提供了模板套用功能，支持一键式生成网页框架功能，是初学者或专业级网站开发人员必备之选择工具；③ CSS Design：一款适合对 CSS 进行调试的专业级应用，能够对 CSS 语法进行着色，同时支持即时查看样式功能，特别方便程序的调试以及效果的比对；④ Flash 动画制作软件：动画或动态图片是网页的重要组成部分，充分合理地使用 Flash 程序来设计网页元素，往往可达到意想不到的效果；⑤ PS（Photoshop）：用于对网页图片进行润色或特殊效果处理，是一款网页制作必备之软件。

三、接入技术

互联网接入是指通过国际国内互联网宽带线路与节点、社区网、城域网、骨干网以及服务器等相关软硬件设施为各类用户提供接入互联网的服务。互联网主要有两种接入方式。

①有线接入：包括窄带接入（电话拨号接入）和宽带接入（DSL、ADSL、以太网和光纤等）；

②无线接入：包括固定无线接入和移动无线接入。互联网业务主要包括基础性业务（接入网部署、宽带租用等）和增值业务（接入网络应用平台集成与开发、应用服务业务等）。

四、无线智能终端技术

无线智能终端技术是指安装有开放式操作系统，可装载相应的程序来实现相应功能的设备，如智能手机、平板电脑、电子阅读器等。其特点可概括为：①使用开放性的 OS 平台；②具备 PDA 的功能；③采用无线接入方式连接互联网；④扩展性强且功能强大。其逻辑结构可以分为应用、操作系统、硬件的上、中、下三个层次。其中，居于上层的应用包括 E-mail、Office、GPS、SNS 等；居于中层的操作系统可分为开放智能操作系统（Windows Mobile、iOS、Android、Black Berry 等）和操作平台两个方面；居于下层的硬件主要包括处理器、储存器、屏幕和摄像头等。

目前，无线智能终端技术的设备主要有三种类型。①智能手机：指像个人电脑一样，具有独立的操作系统、独立的运行空间，可以由用户自行安装软件、游戏、导航等第三方服务商提供的程序，并可以通过移动通信网络来实现无线网络接入的这样一类手机的总称；②平板电脑：指小型的、方便携带的个人电脑，允许用户通过触控笔或数字笔来进行作业而不是传统的键盘和鼠标；③智能手表：是将手表内置智能化系统、搭载智能手机系统且连接于网络而实现多功能的这样一类手表的总称，能同步手机中的电话、短信、邮件、照片、音乐等。

五、即时通信技术

即时通信是一种基于 Internet 的通信技术。无论即时通信系统功能如何复杂，它们大都基于相同的技术原理，主要包括客户、服务器通信模式（C/S）和对等通信模式（P2P）。即时通信起源于 1996 年由 4 名以色列青年发明的 ICQ（英文 I seek you 的谐音，意思是我找你）。2000 年前后，全球范围内的 IM 普及已经展开，比如 AOL 的 AIM，微软的 MSN，雅虎建立的雅虎通等。我国于 1999 年也有了自己的即时通信工具 OICQ，即现在的 QQ，随后微软携 MSN、雅虎公司的雅虎通进军中国市场。现如今即时通信技术遍地开花。

六、虚拟现实技术

虚拟现实技术（又称 VR）是一项综合集成技术，涉及计算机图形学、人机交互技术、传感技术、人工智能、计算机仿真、立体显示、计算机网络、并行处理与高性能计算等技术和领域。其原理是利用计算机生成逼真的三维视觉、听觉、触觉等感觉，使人作为参与者通过适当的装置，自然地对虚拟世界进行体验和交互作用。虚拟现实技术具备三个特征。①沉浸性：指用户感到作为主角存在于模拟环境中的真实程度；②交互性：指用户对模拟环境内物体的可操作程度和从环境得到反馈的自然程度、虚拟场景中对象依据物理学定律运动的程度等，是人机和谐的关键性因素；③构想性：指强调虚拟现实技术应具有广阔的可想象空间，可拓展人类认知范围，不仅可再现真实存在的环境，也可以随意构想客观不存在的甚至是不可能发生的环境。虚拟现实所采用的外部设备包括数据手套、眼动仪、三维鼠标、跟踪球、游戏操纵杆、力矩球等。目前，虚拟现实技术的利用越来越广泛。

七、物联网技术

物联网技术是通过射频识别（RFID）、红外感应器、全球定位系统、激光扫描器等信息传感设备，按约定协议，将任何物品与互联网相连接，进行信息交换和通信，以实现智能化识别、定位、追踪、监控和管理的一种网络技术。物联网被称为继计算机、互联网之后世界信息产业发展的第三次浪潮。从物联网的功能来看，其基本特征包括三个方面。①全面感知：指物联网能够随时随地采集和获取物体信息，这主要利用了射频识别、产品电子码、传感器、二维码识别等感知和测量的技术手段；②可靠传送：指物体信息能够通过物联网可靠地交换与共享，这是通过将需要感知的物体接入网络，随着各种通信网络与互联网的融合以实现信息的传递；③智能处理：指物联网能够即时即地对多样的海量数据和信息进行分析和处理，以实现智能化决策与控制，主要利用了云计算、模糊识别等各种计算技术。

物联网的基本结构包含感知、网络和应用三个层次。其产业链可以细分为标识、感知、处理和信息传送四个环节，关键技术包括传感网、射频识别、电子产品编码、地理信息系统及智能技术等。

八、区块链技术

区块链是指人们把一段时间内的信息（包括数据和代码）打包成一个区块，盖上时间戳，与上一个区块衔接在一起，每下一个区块的页首都包含了上一个区块的索引，然后在页中写入新的信息，从而形成新的区块，首尾相连而形成的链接。其本质上就是交易各方信任机制建设的一个完美的数学解决方案。其基本特征包含两个层面。①价值交换：区块链在已有的互联网多个基础协议上运行一个全新的应用层，它使得互联网能够进行即时支付（通过一种公认的数字算法货币）或者执行更加复杂的远期金融合约，任何货币、金融合约、数字化或者物理资产都能通过类区块链系统进行价值交换；②数据库：区块链不仅能用于交易，还能作为一种用于记录、追踪、监控、转移所有资产的数据库和库存清单。一个区块链就像一种登记了所有资产的巨型电子表格，一种记录了任何形式的资产归属以及在全球范围内交易信息的会计系统。因而，区块链可以用作任何形式资产登记、库存盘点和交易信息的记录，这涉及金融、经济和金钱，有形资产和无形资产等各个领域。

九、其他相关技术

（一）二维码技术

二维码（又称 QR code）技术是用某种特定的几何图形按一定规律在平面分布的黑白相间的图形记录数据符号信息的编码方式，多用于移动设备上，是移动终端技术的代表。二维码对O2O模式的发展做出了巨大贡献，简单的"扫一扫"功能让很多的线下商店转化为线上，而线上也可以顺利转化为线下。可以说二维码是一把数据钥匙，人们通过二维码能够快速地获取大量的数据信息。作为一种伴随着移动互联网兴起而火热起来的信息传递，二维码通过简单的二维码图片，满足人们很大的信息需求量。这就给O2O的实践者提供了更好的服务中间工具，使其创造出大量的二维码来帮助用户完成O2O的闭环业务。对于商家而言，小方格子的二维码面积小、集成信息量大，同时还易于传播，能够帮助媒体和企业用户更快、更有效地提升活动覆盖面甚至品牌影响力。

（二）云计算技术

云计算是基于互联网的相关服务的增加、使用和交付模式。其部署模式主要分为四种：①公有云；②私有云；③社区云；④混合云。其五大核心特征主要表现为：①按需获取自助式服务；②无处不在的网络服务接入；③快速的弹性计算服务；④独立的资源池；⑤可度量的服务。

在服务模式上，云计算以基础设施即服务（IaaS）作为基础，以平台即服务（PaaS）作为开发工具，以软件即服务（SaaS）作为顶层应用，来取代以往的内部部署应用服务。遵守的是 use-on-demand 和 pay-for-use 规则的 IT 服务业务发展模式，其部署方式具体包含三个部分：①IaaS（infrastructure-as-a-service，基础设施即服务）指消费者通过 Internet 可以从完善的计算机基础设施获得服务，如虚拟机计算服务。②PaaS（platform-as-a-service，平台即服务）是把服务器平台作为一种服务提供的商业模式。通过互联网就可以获得有计算能力的服务器，不需要实际的服务器资源。③SaaS（software-as-a-service，软件即服务）指云计算提供的是软件服务，例如Office365等，通过互联网就直接能使用，不需要本地安装。

（三）大数据技术

大数据指无法在可承受的时间范围内用常规软件工具进行捕捉、管理和处理的数据集合，是需要新处理模式才能具有更强的决策力、洞察发现力和流程优化能力的海量、高增长率和多样化的信息资产。大数据作为一个专有名词成为热点，主要应归功于近年来云计算、移动网络和物联网的迅猛发展。IBM 提出了大数据的 5V 特点：volume（大量）、velocity（高速）、variety（多样）、value（价值）和 veracity（真实性）。大数据技术根据分析流程体现为以下几个内容：①通过 ETL 进行数据采集；②运用关系数据库、SQL 进行数据存取；③云存储、分布式文件存储作为基础架构；④运用 NLP 进行数据处理；⑤假设检验、显著性检验、方差分析进行统计分析；⑥对数据进行分类、估计、预测、聚类等方式数据挖掘；⑦运用预测模型、机器学习进行模型预测并呈现出云计算、标签云、关系图等结果。大数据为企业获得更为深刻、全面的洞察能力提供了前所未有的空间与潜力。

第二节　互联网社会基础

随着互联网的日益普及与广泛运用，当今社会正经历着一场深刻的革命。这场革命，从技术层面来说，主要是一场数字化信息革命，以网络技术为基石的数字化虚拟空间正在逐渐形成和完善，而且已经开始超越单纯的信息技术层面，广泛影响人们的社会生活和社会交往。今天，由于网络生存的高度"数字化"及"虚拟化"特性，人们把在网络空间中展开的社会生活称之为"数字化时代"或"虚拟生存时代"。后现代性的理论家如鲍德里亚（Jean Baudrillard）、利奥塔（Jean-Francois Lyotard）、哈维（Harvey）等声称，诸如计算机和媒体技术，新的知识形式以及社会经济制度的变化等，正在产生一种后现代社会形式。在这一新社会形式中，人们以一种多元化、去中心化、平面化的方式生存和互动。而人们在这一虚拟网络空间中的生存和互动，已充分体现出一系列后现代的生存特征，如平面化、无中心、碎片化、审美化、狂放化、开放性和匿名性等。

一、互联网社会构成

网络社会是由人类若干个体经由电脑联机关系所建立起的一个共同体，是每一个上网者能够与不同时空的其他人彼此互动的场域。总的来说，网络社会可以划分为五大要素，即网民、网络群体、网络组织、网络社区和网络公共领域。

（一）网民

网民指互联网上网者形成的一个新的人类社群。一个上网者只要被参与的网络社区接受并通过正常渠道取得有效合法的账户名或电子邮件地址，即可称为网民。网民因为可以从不同角度划分，所以有若干种分类方式。网民按上网时间可划分为：轻度上网者、中度上网者、重度上网者、职业上网者和上网成瘾者。按上网目的来分，可分为信息类网民、娱乐休闲类网民、学习类网民、交友聊天类网民、工作类网民。随着网络逐步渗透进人们生活的方方面面，各类网民的边界也逐渐模糊。

（二）网络群体

网络群体指上网者经常与网上的他人互动交往，并自然形成网上社会群体。网络社会群体中的交流主要有两种目的：一是把网上交流当成工具，二是把网上沟通本身当成目的。网上群体的分类一般有五种方法：①网上统计群体与网上实际群体；②网上正式群体和网上非正式群体；③网上大群体和网上小群体；④网上初级群体和网上次级群体；⑤网上地缘群体、业缘群体和趣缘群体。

（三）网络组织

网络组织是指为实现特定目标，媒介网络所建立的分工明确的共同活动的人类群体。网络组织的特点包括：①特定的组织目标；②一定数量的固定成员；③制度化的组织结构；④通则化的行动规范；⑤开放性；⑥流动性，包括组织的流动性和信息的流动性；⑦成员不必面对面工作。一般来说，网络组织有下列两种划分方法。

1. 网络营利组织和网络非营利组织

①网络营利组织，又可以分为商业网站、企业网站和IP网站组织。还有一种特殊的网上组织，即所谓虚拟企业，是一种利用网络经济、电子商务等手段，对市场环境变化做出快速反应的企业动态联盟，所以又称动态联盟。②网络非营利组织，其中有政府网站、学术网站、公共组织网站和教育科研机构的网站等。

2. 单纯型网络组织和混合型网络组织

这种划分法是把那些只在线上运作的组织称作单纯型网络组织，比如商业网站；把那些既在线上又在线下结合运作的组织称作混合型网络组织，比如企业网站、政府网站或高校网站等。

（四）网络社区

网络社区指在网上相邻或相互关联的若干社会群体和社会组织构成的网上网民共同体。其构成要素包括：①为上网者提供活动场所的网站平台；②平台可供社区中的上网者同步互动和异步互动，那些不能互动的网站够不上社区；③社区中往往有若干网络群体，较大的网络社区往往有若干小的分类社区；④社区管理员和社区规章；⑤进入社区活动通常需要注册为社区会员；⑥社区成员的社会联系强度不均；⑦"常住"该社区者有社区情感（近似归属感）。网络社区的特点表现为：①必须以互联网网络作为传播媒介；②成员通过网络社区能共享信息与沟通；③成员能通过网络社区来满足社会生活的需要；④成员对社区具有一定归属感。

（五）网络公共领域

网络公共领域是指由互联网所构成的社会网络部分空间提供的一个全新的人类互动的场域。人们开始在社会中关注公众利益、公民社会与公共事务，而且参与的人越来越多，随之形成网络公共舆论规模，对社会的建构和进程产生广泛影响。其特点是：①提供了身体不在场和可匿名的互动；②有限沟通理性；③多元论述的共识，即任何一个公共事务议题都是一个多元论述的过程；④自由和开放；⑤可以不同步交流；⑥自组织，人人都是话题发起者。

二、互联网社会特征

网络社会与大众社会之间存在明显的差异。大众社会的基础成分是家庭，以规模扩展为标志，内部联系是中心化的，并且其中每一个单元（社区、家庭）只能接触到一种或者很少的大众媒体；而在个人主义的当代进程中，网络社会的基本单位已经变成了与网络相连的个人。网络社会呈碎片化分布，社会范围变得全球化和本地化。

大众社会和网络社会的特征比较见表2-1。

表2-1 大众社会和网络社会的特征比较

特征	大众社会	网络社会
主要成员	集体（群体、组织、社区）	个人（与网络连接）
成员本质	相似的	相异的
程度	扩大的	扩大的和缩小的
范围	本地的	Global（全球的和本地的）
联结性和联通性	成员内部联通性高	成员之间联通性高
密度	高	低
中心化	高（少中心）	低（多中心）

续表

特征	大众社会	网络社会
包含性	高	低
社区种类	真实的和统一的	虚拟的和多元的
组织种类	官僚主义的融合	受信息支配、不同平面
家庭种类	大家庭	多种关系的小家庭
主要交流方式	面对面	逐渐间接交流
媒介种类	大众传播媒体	窄播互动媒体
媒介数量	少	多

三、互联网社会关系

在网络社会中，个人、群体和组织之间所有抽象的关系和具体联系都发生了改变。它们的改变是由技术和社会原因引起的，并由媒体网络和社会网络支持。互联网社会关系包括如下几方面。①铰链式的联系：指在社会子系统中浮于表面的关系，它们由社会和媒体网络的组合而形成；②实质性联系：指网络社会关系与内部单元和环境的联系；③直接联系：在网络社会，个人、集体和组织越来越多地直接联系起来，甚至跨越很远的距离联系在一起；④线上和线下联系：网络社会被认为是社会和媒介网络的结合、线下和线上的结合；⑤自我参考的媒体关系：指社会和媒介网络意识到的和支持的传播关系影响它们偏向代表它们（大众媒体）或者和它们相联系的（互动媒体）利益和观点的过程；⑥互动联系：由于多向传播带来的社会和媒体网络的结合，社会关系变得更为互动和分散；⑦高度组织化的联系：网络作为一个组织上和媒体形式的应用能够降低复杂程度，实现中心化和去中心化的结合；⑧代码关系：作为复杂性、不确定性和风险提高的结果，社会和媒体网络拥有越来越多的程序控制和通行代码，网络社会里的所有关系会越来越程序化和代码化。

四、互联网社会信任

网络信任的界定建立在施信者与受信者的对偶关系基础上。信任产生的过程始于受信者拥有一种客观的、内在的可信性，即在交换中自己将在多大程度上可以完成交易义务。

从施信者角度而言，可信性是一种信任的归因，而信任可被定义为对交易的一方在一个充满风险和不确定性的情境中履行交易义务程度的感知。网络信任的关键条件包括五个方面：风险、弱点、期望、信心和利用。

在电子商务环境下，信任信念是指消费者相信网站供应商至少有一种特征是对自己有利的，这种特征包括网站供应商的能力、善意、诚实和可预见性；信任意图是指，即使消费者无法控制网站供应商，仍然愿意或倾向于依赖他们。

网络信任的模型分为如下几个方面：初始信任模型、基于制度信任模型、虚拟社区信任模型、B2B网站信任模型、网上商店信任模型等。

五种类型的网络信任模型具有很多共性，譬如在消费者的信任和信任的原因上，几种类型十分相似，但又存在着一些差别，譬如在不同的信任模型中，消费者往往提出了不同的具体要求。具体五种网络信任研究模型的异同可总结如下，见表2-2。

表2-2 不同信任模型的比较

信任模型	信任的原因 相同	信任的原因 不同	信任 相同	信任 不同	信任的结果 相同	信任的结果 不同
初始信任	消费者信任倾向、以往经历、商家声誉、规模、网站质量、安全、有用性、隐私保护、第三方认证	提供定制服务、网站相似性	对商家（社区成员）能力、仁爱心、正直、可预测性的信任	无	购买动机、再次访问、正面评价、推荐给他人、共享信息	无
基于制度信任		中介、监视、合作规范		对卖方社区的信任		满意、连续性
虚拟社区信任		社区来源、社区责任系统		无		成员感、影响力
B2B网站信任		与交易相关的交互、信息性		网站有效性		无
网上商店信任		社会参与、熟悉		无		无

建立起消费者的网络信任是互联网营销成功的关键。通过以上对包括初始信任、基于制度信任、虚拟社区信任、B2B网站信任、网上商店信任模型在内的五种信任模型的比较分析，我们能够发现这五类信任的决定因素、表现以及信任的结果的异同，从而将网络信任的建立机制进一步完善，并应用于实践当中。

五、互联网数字鸿沟

数字鸿沟（又称信息鸿沟）是指信息富有者和信息贫困者之间的巨大差距现象，反映信息通信技术接触不平等。数字鸿沟的产生源于社会中对数字科技的不平等接触，而不平等接触的直接原因是很多资源的分配。这些不只是物质资源，例如收入和占有设备，也包括时间资源（有时间使用新媒介）、心理资源（足够的技术知识）、社会资源（网络和帮助获得接入的联系）和文化资源（地位和其他激励人们去获得接触的文化奖赏）。这些资源在人群里的分配方式可以被社会里许多的个人和地位的不平等来解释。所有这些不平等，似乎都与不同的人所拥有的接触新媒介的机会数量有紧密的联系。

全媒体接触步骤主要有四步。①动机接触：触发动机的直接原因可能是不充足的时间、心理、物质、社会和文化资源；②物质接触：实现物质接触的最重要的资源是物质资源（家庭收入）、时间资源（有充足的时间从事计算机工作）和社会资源（激励和帮助人们获取接触的一个社会网络）；③技术接触：为此至少需要三种数字技能，即操作技能、信息技能和策略技能；④使用接触：使用任何新科技的最终目的，比起物质和心理资源，时间、社会和文化资源对使用接触而言变得更重要，而年龄、性别、种族、智力和健康或残疾的个人类别决定了人们在新媒介应用中的兴趣所在，使用新媒介所投入的资源主要由劳动力、教育、家庭和居民地位类别进行解释。

关于使用接触不平等上一个最明显的事实是，不同地位和个人类别的人们使用计算机和网络的多样性，即产生了使用差距。使用差距是关于不平等实践和应用的，即在特定环境下的行动和行为，包括了知识和信息。社会和媒介网络同时也具有集中信息、知识和力量的固有特性，会把资源移动到已经更强大的参与者那里。重要的是，随着计算机和网络的普及，使用差距可能会增加而非减小。这个差距意味着结构性不平等，一些人将比其他人拥有更少的动机、物质、技能和使用接触，产生相对排除甚至完全被排除在网络社会和新媒介使用之外的例子。不得不承认，数字鸿沟恶化了结构性不平等原本就已经一直在增长的这样一个情况，反映出来的是一个三层的网络社会。

第三节　全媒体营销的原则

一、定位性原则

全媒体营销具有定位性。通过定位，企业可以根据自身的资源和外部的环境进行定位，把品牌和目标消费人群联系起来。精准清晰的定位可以积极推动企业的发展，反之，则可能使企业遭受一定的损失。那么，我们应该从哪些方面来进行全媒体营销定位呢？

（一）营销目的定位

企业要明确自己的营销目的，即企业要明确出售产品的类型，并具有明确的销售方向。例如，如果企业出售的是女装，那么定位目标就是服装类，而不是餐饮或食品零售类。

（二）目标消费人群定位

企业要对产品的目标消费人群进行精准定位。例如可以从性别、年龄、职业、民族、教育水平、消费特征、社会特征、兴趣爱好等多角度来进行目标消费人群的定位。

（三）互动方式定位

在全媒体平台进行营销时，与用户的互动十分重要。在与用户进行互动时，我们要根据用户需求选择恰当的互动方式，如陪聊互动、游戏互动、目录选择等。

（四）服务定位

大量事实证明，提供优质服务的企业更容易受到用户的关注。因此，在进行全媒体营销时，企业要做好服务定位，通过不断完善、提升服务的品质来满足用户的需求，进而获得更广泛的关注。

二、互动性原则

企业在进行全媒体营销时，不仅要把信息及时、准确地传递给目标用户，还应积极与目标用户进行沟通交流，让用户转变为粉丝，从而主动地参与到营销活动中去。而这就是全媒体营销中的互动性原则，它具有以下几个特点。

（一）用户参与的便捷性

在开展互动营销的过程中，用户参与的便捷性是一项很基本的要求。因为人往往是有惰性的，只有尽量简单的参与方式，才能提高用户参与互动的概率。例如参与调查、申请试用产品或服务等，都应该符合便捷性原则，在参与形式上尽量做到简单明了，这样才更容易吸引用户参与活动。

（二）对用户有益处

用户参与互动活动，更多还是从自身利益出发，希望活动对自己产生益处。所以，我们要尽量采取利益驱动的方式，如有奖调查、产品免费试用、参与送礼等，以此提高用户参与互动活动的积极性，进而取得良好的互动效果。

（三）用户体验出色

互动营销尤其注重用户体验，因为只有为用户提供良好的体验，才能真正吸引用户的注意，获得用户的好感和长期支持，进而取得出色的营销效果。如果用户体验不好，即使是免费试用等方式，也很难得到用户的真正认可，之后的互动环节就更谈不上了。

三、实时性原则

在互联网还未兴起的时候，传统媒体发布信息的时段往往是固定的，这就导致用户对信息的关注带有阶段性特征。而随着全媒体的兴起，情况得到了很大的变化，全媒体除了可以像传统媒体那样，在特定时间发布信息外，还可以全天候紧跟时事热点，并根据用户的需求和反馈做到实时响应。这就保证了营销者在短时间内获得更高的用户关注度，进而取得更好的营销推广效果。

（一）满足消费者的个性需要

这一观点主要来源于定制营销概念。在定制营销概念中，一个消费者对应一个经细分后的目标市场，而这个特定的消费者就是营销活动中唯一需要被满足的对象，他具有参与产品生产环节，以及对产品提出具体设计、修改意见的权利。而这样做的目的就是为了满足特定消费者在特定时间内的个性化需要，推而广之，则可以使营销活动尽量适应消费者的多样化、个性化需求，进而使消费者感到满意。

（二）满足消费者的未来需要

实时性服务能够为企业提供消费者的实时信息，进而使企业把握到消费者在消费过程中偏好与购买行为的变化情况。在这种情况下，企业就可以随时调整经营服务策略，改进产品设计，使营销活动更具备针对性，从而不断满足消费者的未来需要。

（三）"顾客—产品"层信息反馈模式

在过去，消费信息的反馈往往局限于"顾客—公司"层，也就是消费者将反馈信息传达给公司，再由公司根据反馈情况做相关改进，最后将改进后的产品提供给消费者。这一模式的中心组织是公司，往往无法及时有效地满足消费者的实时需要。而"顾客—产品"模式则不同，其强调产品服务与消费者之间的直接联系，可以根据消费者的反馈信息，快速地改进产品和经营策略，从而在最大程度上满足消费者对产品和服务的各类需求。

四、趣味性原则

不同于传统媒体，全媒体的内容更有趣味性、更接"地气"。全媒体营销的内容很多都带有娱乐八卦的味道，让人们觉得更有趣，愿意将信息分享出去。当然，娱乐八卦也有正面和负面之分，在进行全媒体营销时，要宣扬正面"八卦"，规避负面"八卦"。

那么，我们如何使全媒体营销具有趣味性呢？

（一）领导要给予全媒体项目充分的信任与授权

如果在进行全媒体信息的发送时，每一条信息都要经过领导批准，可能会导致错失发送信息的时机。

（二）全媒体部门要有制度和资源的支持和重视

虽然全媒体营销的成本比较低，但是也要给予全媒体部门足够的资源和充分的支持。文案、设计、策划等都要有足够的资金投入，才能产生更优质有趣的内容。

（三）全媒体的内容要有个性

在做全媒体营销时，全媒体的内容要注重原创、要有自己的特点。对于千篇一律的内容，人们很容易会失去阅读的兴趣。有个性，展示自己的独特魅力，才能吸引更多的人来关注企业的全媒体账号。

（四）全媒体营销要懂得借势

如果是类似于苹果、小米等比较知名的品牌，可以制造热点来造势，如果是小企业的话，还是要懂得借势。紧紧跟随热点新闻，借力打力，才能让文章更有趣。

五、创意性原则

在进行全媒体营销时，要遵循创意性原则，才能更加吸引人的眼球，获得粉丝的关注。那么，在进行全媒体营销时，怎样才能具有创意性呢？

（一）锁定目标人群

在进行全媒体营销时，我们首先要锁定营销的目标人群。确定营销目标人群，对症下药，才能针对性地进行创意营销活动。

（二）明确传递内容

确定想要向用户传达的内容，也就是想让目标用户了解的信息是什么。例如可以向人们传递产品的品牌、特点、优势等。

（三）确定预期的效果

在做创意营销前，要确定活动的预期效果是什么。例如，在进行创意性的内容或活动发布后，预期的效果可以是提高品牌的知名度、促进销售量等。

（四）确定表达形式

最后要确定创意的表达方式是何种形式。表达的形式有很多种，如文案、活动、H5小游戏等。

六、参与性原则

随着互联网的不断发展，伴随互联网兴起的新时代人群（80后、90后、00后）开始成为网络的主流用户，有人据此称其为"网络原住民"。而参与性需求，就是新时代用户的重要心理需求之一，全媒体营销若想取得良好的营销效果，就要注重满足他们的此类需求。

与传统用户相比，他们更加注重张扬个性和表现自我，因此他们更愿意对产品和服务提出自己的意见，并希望引起企业和运营者的重视。尤其是在传播技术日益发达、传播渠道不断迭代的现在，用户完全可以凭借一部智能手机随时参与到产品和服务的生产、改进和传播等环节中来，从而增强参与性。营销者也应利用好这一需求，从而达到自身的营销目的。

第四节　全媒体营销的方式

一、病毒营销

说起病毒，大家都很熟悉。它的特点是传染性强，传播速度快，传播范围广。而病毒营销，就是指利用公众的积极性和人际关系网，把信息像病毒一样传递给数以百计群众的一种营销方式。快速复制、广泛传播的信息能在很短的时间内深入人心，造成"滚雪球效应"，进而使产品和品牌得到极大的推广。这种营销方式是一种常用的网络营销方法，更为省时、省钱、省力，通常由用户自发进行，用于网站推广、品牌推广等。

（一）病毒营销的特点

1. 吸引力强

病毒营销利用了消费者的好奇心，使消费者愿意参与其中。第一传播者传给目标群众的信息一般具有很强的吸引力，更容易突破人们的心理防线。消费者在产品和品牌信息的刺激下自愿提供传播渠道，"为商家打工"，原本由商家承担的广告成本被转移到各个消费者身上，极大地降低了宣传成本。

2. 传播速度快

众媒体营销的传播呈辐射状进行传播，并不能确定真正的目标消费群众是否接收了广告信息。而病毒营销的信息推广带有自发性、扩张性。它并非均衡地、同时地、无分别地传递给每一个人，而是以和人际传播与群体传播类似的渠道，把产品和品牌信息传递给与消费者有联系的个体。因此，病毒营销的传播速度较快。

3. 接收效率高

病毒营销的产品信息大多是受众主动搜索或是从熟人那获得，接收渠道多为手机短信、电子邮件、封闭论坛等私人化渠道，这使得受众接收产品信息的状态更为自然。少了信息传播的干扰，产品信息接收效率变得更高。

4. 更新速度快

病毒营销的传播速度呈 S 形曲线，先慢后快达到饱和后再趋于平缓。而网络产品的生命周期一般较短，因此，要在信息衰减之前提高传播的转化率，及时地对信息进行更新，增强消费者的购买率。

5. 影响力短而快

病毒营销一般是以爆发的方式出现在人们的视线中，时间一长，可能会淡出人们的视线。那么我们就应该在"病毒"爆发期抓住机遇，准备高质量的内容，才能更好将产品信息进行推广。

（二）病毒营销的发布渠道

在进行病毒营销时，要选择用户比较集中、社交性比较强、传播范围比较广的平台来发布消息。如微博、微信朋友圈、QQ、IM、论坛等。

（三）成功的病毒营销具备的因素

（1）目标定位清晰明确；

（2）具有焦点和人物；

（3）传播中可延展的空间大；

（4）信息内容被高度认同并获得分享；

（5）有强大声音加入推波助澜；

（6）信息在互联网立体化快速传播；

（7）具有传播信息之外的价值；

（8）事件方向可操控。

（四）如何成功策划病毒营销

1. 定位

病毒营销要定位精准，才能传播信息和增加粉丝。首先，要定位目标群众，确定受众的年龄、收入、爱好等。其次，要定位营销目标，即此次病毒营销的最终目的是什么，是提高品牌的知名度还是增加产品的销量，将目标具体化、数字化。最后，要定位触媒分析。调查了解受众最喜爱的媒体平台、常用时间段，确定信息发布的媒体及时间。

2. 制造"病毒"

"病毒"要与人们的兴趣爱好、生活方式息息相关，要能抓住受众的痛点。

"病毒"要能得到受众的情感认同，选择经典、伤感、爱国、励志、公益、健康等能引起人们心理共鸣的内容。

"病毒"要有趣味性。在信息的传播过程中，有趣的内容总是更容易得到关注。搞笑、亲民、爆料、认同，贴有这些标签的"病毒"更受人们的青睐。

"病毒"的内容形式可以为视频、趣味海报、H5等。

3. 传播"病毒"

病毒营销的传播注重速度和时效性，要在最短的时间内将信息传递到最大范围。要想借助全媒体公众平台，使信息快速传播出去，应该怎么做呢？

第一步，使信息被发现和放大。可以借助大号传播，使信息得到推广。第二步，联系相关领域专家进行宣传。第三步，官媒对事件进行报道。

4. 用户参与

当信息被传播出去，就需要目标用户参与到整个营销活动中来，官媒、明星、名人的加入可以有效促进二次推广和传播。用户参与其中后，再道出真相，引起共鸣。

5. 转化

病毒营销得到人们的广泛关注，最终的目的是为了展现"病毒"背后的核心价值。只有将活动的热度转化为知名度、美誉度、粉丝数、转发量、浏览量等，才是一场成功的病毒营销。

二、事件营销

通过策划、组织和利用有价值、有影响力、有名人效应的事件，来引起媒体、社会和消费者的兴趣，促使企业或产品的形象更为出名，最终使产品和服务销售出去的手段和方法，就是事件营销。事件营销方式可以用较低的成本在短时间内把信息更广更优地传递出去，突发性更强，是目前较为流行的一种市场推广方式。

（一）事件营销的特点

1. 免费性

事件营销是借助新闻热点来达到宣传目的，新闻本身是免费的，所以事件营销具有免费性。严格意义上来讲，营销事件属于企业的公关而非广告。一件有价值的公关事件应具备足够的新闻价值，可以得到媒体的广泛关注。

2. 目的性

在进行事件营销时，要明确营销的目的。明确通过什么样的新闻可以引起媒体的广泛关注，达到自己预期的目标。

3. 风险性

新闻事件一旦发生，媒体和群众的反应都是不可控的，这就使得事件营销存在一定的风险性。

4. 多样性

事件营销集新闻效应、广告效应、公共关系、形象传播和客户关系为一体，因此具有多样性的特点。

5. 新颖性

如今，事件营销常常借助一些热点新闻来进行营销，这些事件大都新奇、有趣、充满创意，群众更容易关注。事件具有新颖性，才能引起广泛热议，达到营销目的。

6. 效果明显

事件营销的热点事件可以聚集大量群众关注，引发各媒体平台疯狂转载，可想而知，效果会很明显。

7. 求真务实

恶意炒作的事件，虽然能在短时间内得到群众的关注，但是一旦群众觉醒，容易对炒作的企业产生不好的影响。因此，企业在进行事件营销时要实事求是，方能长远发展。

（二）事件营销的要素

构成新闻事件的客观事实的要素决定着新闻事件价值的大小。新闻事件价值的大小又决定着新闻事件的着重处理程度。事件营销成功的因素包括四点，这四点要素被新闻事件包含的越多，事件营销成功的概率越大。

1. 重要性

重要性是指事件的重要程度。一般来说，越是对人们产生巨大影响力的新闻事件，价值就越大。新闻事件对社会的影响程度是判断内容是否重要的标准。因此，在进行事件营销时，要尽量选择影响力比较广、比较重要的事件来进行营销。

2. 接近性

人们总是对自己的家乡、居住地和曾经留下美好回忆的地方怀有特殊的感情。在策划营销事件时，要采用心理上、地理上、利益上等相近的原则，选择与受众生活接近的相关事件。让事件与受众群体息息相关，才能更广泛地引起人们的注意，达到事半功倍的效果。

3. 显著性

国家元首、政府要人、知名人士、历史名城多容易产生重大新闻。如果在进行事件营销时，能借助这些重大新闻，将会产生更大的传播影响力。因此，人物、地点、事件的知名程度越显著，营销事件的成功概率越大。

4. 趣味性

每个人都会具有好奇心。对于新奇、反常、有人情味的事件，人们更容易去积极探索和接受。营销事件具有趣味性，可以更好地勾起人们的好奇心，使人们的好奇心得到满足。

三、口碑营销

一个企业只有拥有了良好的口碑才能更长远地发展下去。这里我们就不得不说说口碑营销了。什么是口碑营销呢？利用地方特产、老字号厂家和企业品牌的口碑来进行营销的手段和方式称为口碑营销。全媒体营销把口碑与网络营销进行了有机的结合，利用全媒体平台，将产品的口碑以文字为载体，使企业与消费者进行互动，从而获得销售效益。

（一）特点

1. 团体性强

不同层次的消费群体间有不同的消费需求。正所谓"物以类聚，人以群分"，处于同一类消费水平的人的话题和焦点更为相似，一旦某个品牌被其中一人或者几人所喜爱，那么品牌的口碑会通过各种关系链在整个群体中传播开来。

2. 传播成本低

口碑营销基本上不需要广告费用，仅需提供企业的良好形象即可。相对于花费巨资的广告、促销等活动，口碑营销成本低但更简单奏效。

3. 可信度高

口碑营销基本上是发生在较为亲近和密集的群体中，如朋友、同学、同事等。正是这种相对比较亲近的关系，使得口碑传播的可信度比较高。相对于广告和商家的推荐，人们还是觉得身边的朋友、同学、同事、亲戚的话语更可信。因此，口碑营销的可信度比较高。

（二）发布渠道

进行全媒体口碑营销时，在微博、微信朋友圈、QQ、IM、论坛等用户比较集中、社交性比较强、传播范围比较广的平台来发布消息更容易将口碑打响。

（三）策略

口碑营销具有营销效果可视、营销数据可追踪、营销服务行业排他、营销形式独特的特点。口碑营销的策略有公益营销、终端推广、降价、媒体广告四种策略。

1. 公益营销

公益营销是一种回馈他人、承担社会责任的活动。如果企业做公益活动，可能不会立刻获得利益，但是在企业做公益活动的过程中，企业的形象得到了提升，企业的口碑变得更好。企业做公益活动其实也是一种广告形式，虽然不能得到即时的利益，但是却有利于企业的长远发展。

2. 终端推广

消费者首先通过广告对产品建立初步印象，但是由于空间的距离和阻碍，可能拉动的销售量很少。在去现场购买时，可能会转身选择其他产品。因此终端推广很重要。在卖场可以借助横幅、小礼物等进行促销，增加消费者的购买欲望。可以采用广告和终端推广相结合的方式，在线上营销取势，在终端取销量，打造良好口碑。

3. 降价促销

由于同类产品的竞争较大，在供需失衡的市场里，买家可以适当地进行降价销售。降价促销可以促使销量增加，但不能作为唯一的营销手段，否则一旦竞争对手同样降价，会造成两败俱伤。在保证产品的质量和服务品质的基础上，适当地降价可以使产品树立良好的口碑。

4. 媒体广告

"酒香也怕巷子深"，要树立企业和品牌的良好形象，仅仅依赖产品的质量好是远远不够的，还应加强对产品的宣传力度。密集的高空广告可以使企业和产品得到更有力的传播，有利于品牌树立良好口碑。企业可以通过在全媒体平台进行广告宣传，来打响口碑，创造品牌竞争优势。

（四）口碑营销开展

口碑营销有很多优点，例如成本低、可信度高、团体性强等，因此利用全媒体平台进行口碑营销，既能降低成本，又能树立企业的良好形象，一举两得。那么，我们应该怎么来开展全媒体口碑营销呢？接下来我们以微信为例，总结如何进行口碑营销。

1. 重视产品质量

俗话说，"酒香不怕巷子深"，要想使产品拥有良好的口碑，产品的质量首先要过关。在微信进行口碑营销时，不能卖假货和高仿货等，否则会为了眼前的蝇头小利而砸了自己的招牌。质量过关的产品，在微信进行营销时，也可以更好地得到大家的认可和宣传。

2. 明确销售产品

在微信中想要树立口碑，产品的类型要小而精。在进行微信营销的起始阶段，要明确自己的销售产品与方向，先从单一的产品做起，万万不可急功近利，妄图一口吃成个胖子。在卖女性用品如化妆品时，就不要卖男性用品如运动鞋等，否则顾客会对店铺产生杂而乱的印象，不利于口碑的树立。

3. 服务要到位

在实体店进行购物时，大家更愿意选择服务态度好的店，而不愿意去服务态度差的店。微信营销也是如此。在与顾客进行沟通交流时，服务态度要诚恳、服务要到位、对于顾客的心理疑惑要及时解答。

4. "兔子也吃窝边草"

俗话说"兔子不吃窝边草"，但是对于刚刚开始进行微信营销、粉丝较少的商家来说，首先向朋友圈的熟人进行销售，不失为挖到第一桶金的一种妙法。向朋友圈的熟人推荐的产品质量要好、要符合其需求。在熟人中树立口碑后，更有利于向目标消费群体进行推广。

5. 拒做"刷屏党"

随着微商越来越多，朋友圈里出现一群令人反感的"刷屏党"。所以，在朋友圈进行微信营销时，要拒做"刷屏党"。每天只在朋友圈中发送一条商品信息，这样既可以展示自己的商品，又不至于让他人反感，更有利于树立口碑。

与微信营销类似，其他的媒体平台营销也要具备以上特点才能更好地树立自己的口碑。

四、饥饿营销

提起小米手机，大家都很熟悉。小米手机起步期以饥饿营销的方式使其品牌在短时间内被大家所熟知并引发抢购热潮。那么什么是饥饿营销呢？产品供应者故意降低产量、控制供求关系、造成"供不应求"的假象来维护产品的品牌形象，进而获得高售价和高利润率的营销策略，即为饥饿营销。多用于商品和服务的商业推广。

（一）核心

饥饿营销就是商家先用"秒杀""限量"等勾起顾客的购买欲望，再降低供应量，造成"供不应求"的现象，大大提高人们购买的欲望，从而为日后的销售奠定基础。

（二）运作模式

饥饿营销的运作模式是先定好令消费者惊喜的价格来吸引顾客，再通过调节供求两端的量来影响最终的价格。供不应求的假象造成后，提高价格，树立品牌高价值的形象，从而获取利润。饥饿营销并非处处适用。只有在市场竞争少、消费者心态不成熟、产品不可替代性强的情况下才能使饥饿营销发挥积极作用。

（三）负面影响

饥饿营销是一把双刃剑，在带来利益的同时，也可能会产生负面的影响。

负面影响主要有以下几点：一是顾客流失。饥饿营销实施过度时，定价过低而销量过少，可能使消费者"期望越大失望越大"，进而选择其他企业或品牌的产品，造成顾客流失。二是品牌伤害。任何事物都有两面性。一方面，饥饿营销可以使企业和品牌得到更好的宣传，使其产生更多附加值。另一方面，饥饿营销如果运用不当，则会对品牌造成伤害。三是顾客反感。消费者购物心切、求新求快是饥饿营销的实施基础。过度的人为制造产品供应紧张的气氛，一旦消费者心理成熟，对这种做法产生反感，或者替代品出现，则产品竞争力会下降。

（四）步骤

实施饥饿营销，首先要引起用户的注意；其次是要建立消费者对产品的需求；然后使消费者对产品产生期望值，拥有强烈的购买欲望；最后设立产品所需要的条件。

（五）技巧

一是明确客户。精确定位客户的群体特征，积极探索客户的需求，提供创建内容的方向。二是内容要原创。原创优质内容更容易满足用户的需求。三是形式要多样化。可以采用不同的载体，如文字、图片、视频、动画、漫画、游戏等。四是依靠自然转载。可以在多个媒体平台进行发布，在内容优质的基础上，产品信息可以得到更好的传播。

（六）运作条件

从商家方面来讲，饥饿营销要根据消费者的心理激发其购买欲，宣传造势，扩大影响。从买家方面来看，消费者要理性观察分析，不要被假象蒙蔽，理性消费。饥饿营销的运作要与消费者产生心理共鸣，根据产品自身的特点量力而行，切忌盲目自大。利用全媒体平台来宣传造势并结合市场变化灵活调整策略，提高销售的服务质量，才能更好地发挥饥饿营销的作用。

五、知识营销

知识营销是指通过科普传播新的科学技术及其对人们生活的影响，使人们对产品产生新的概念以及需求，从而达到拓宽市场的一种营销手段。它与传统营销相比，有以下几种变化：营销环境发生改变、营销产品发生改变、营销方式发生改变。而其具体内容包括学习营销、网络营销和绿色营销三个方面。

（一）知识营销的特点

1. 营销环境发生改变

知识经济时代，产品的营销环境发生了变化。企业与企业之间共有信息资源和知识，相互合作，相互竞争，呈现出一个在合作中竞争、在竞争中合作的良性循环环境。

2. 营销产品发生改变

不同于传统营销产品，知识型的高科技产品越来越受欢迎。知识型营销产品的销售者，需要具备较高的素质，懂得科技产品的内容、使用操作、维修知识等。

3. 营销方式发生改变

传统的产品营销是通过电视等广告向消费者传达产品信息，消费者接收信息较为被动。而全媒体的知识则可以通过全媒体平台来传递产品信息，消费者与企业之间可以更好地进行互动。企业向消费者提供产品信息，消费者给企业提供反馈意见后企业再对产品进行改进。

（二）知识营销的内容

1. 学习营销

俗话说，"活到老，学到老"。终身学习的时代已经来临。在知识和信息大爆炸的时代，学习营销成为知识经济时代很受欢迎的一种营销手段。一方面企业可以利用全媒体平台向消费者们传授新的科学技术，实现信息共享，如开通网络课程、微课等，减少消费者的顾虑。另一方面，企业也可以利用媒体平台向消费者和同行学习，例如关注同行微博、关注同行的微信圈公众号等。

2. 网络营销

简单来说，网络营销就是指利用互联网来进行的营销。网络营销成本低、全天服务，不需要店面和货架，可以同步进行广告促销和市场调查，能拉近企业与消费者的距离，即时反馈信息。

3. 绿色营销

随着生活水平的提高，消费者越来越注意追求健康、自然，"绿色产品"受到广大群众的追捧。企业在营销时应注意"绿色"概念，开发"绿色产品"，注重"绿色"情怀，提供"绿色"服务。这样更有利于企业的宣传与发展。

（三）知识营销的原则

知识营销的应用非常广泛，小到个体商贩，大到企业广告，都需要运用一些知识营销。那么知识营销应该遵守哪些原则呢？

1. 诚实守信原则

在进行任何一种营销时，都应该以诚为本，知识营销也不例外。产品的质量好、价格合理、交易信守承诺，才能得到消费者的信赖。

2. 利益兼顾原则

在进行知识营销时，不仅要考虑企业自身的利益，还要考虑到消费者的利益。站在消费者的角度去看待问题，在维护消费者权益的同时，也是在维护企业的形象，有利于企业长远发展。

3. 互利互惠原则

在同类产品中，企业与企业之间往往存在着竞争关系，我们应该正确理性地对待竞争，求同存异，在竞争中合作，达到互利互惠。

4. 理性科学原则

在进行知识营销时，我们应该理性地看待市场的变化。要运用科学手段来分析市场环境，不可盲目乐观，也不宜妄自菲薄。

（四）知识营销开展

1. 建立科学的技术平台

企业的科学技术平台可以分为内网和外网。其中内网是供员工相互学习、沟通交流使用的，外网则用来获取外部的信息资料。内网与外网的相互结合，对于全面把握市场知识营销具有很大的帮助，可以提高营销的效率。

2. 组织高素质营销队伍

在进行知识营销时，需要组织高素质的营销队伍。高素质的营销人员，需要具备良好的知识获取能力、知识整合能力、知识共享能力、知识创新能力、知识表达能力。

3. 搭建扁平化组织结构

扁平化结构包括两方面：组织层级的降低、组织边界的扩张。组织层级降低能使知识纵向传递和逆向反馈，组织边界扩张能使知识的获取和共享更为广泛。

4. 打造共享型组织结构

共享常用的有效的知识可以快速地提高营销人员的素质和技能。在建立激励共享机制和营造共享文化的前提下，知识才能得到更好的共享。知识拥有者获得的知识在企业内部存在个人优势。若将知识共享出去，知识拥有者可能会增加竞争对手。所以，企业要合理评估知识，形成完美的激励共享机制。

六、互动营销

所谓互动，就是双方都要动起来。互动营销则是指企业与消费者之间通过互动来进行沟通交流，进而达成交易的一种方式。

（一）互动营销的特点

1. 互动性

互动性指的是消费者与商家之间的沟通与互动。一般来说，全媒体营销先进行前期策划，再通过与粉丝们的积极互动，慢慢引导粉丝们参与其中，使得企业与消费者之间形成一个纽带。

2. 舆论性

网民之间互相回帖可以直接或间接地对产品产生正面或者负面的评价。舆论的作用在互动营销中不容小觑，可能会对企业的口碑产生一定的影响。

3. 眼球性

互动营销需要抓住人们的眼球，这样能获得网友的关注和热议，才可能有互动。如果互动营销事件不能成功地吸引人们的眼球，没有人关注也就谈不上互动了。

4. 热点性

互动营销可以借助热点事件来炒作，也可以自己制造热点事件来进行炒作。热点事件要生动、形象、吸引力强。抓住了消费者的心理，才能更好地引起他们的注意。

5. 营销性

互动营销，听名字就知道其具有营销性。互动营销的目的并不仅仅是为了与消费者互动，更在于营销。为了达到某种营销目的，运用事件进行炒作和互动，归根到底，还是为了树立品牌形象和提高销售量。

（二）互动营销的表现方式

互动营销通过互联网使商家与目标客户进行互动。主要方式有付费搜索广告、手机短信营销、广告网络营销、博客广告、微信推广、视频营销、论坛营销、电子邮件营销等。

(三)互动营销三要素

1. 互动便捷

实施互动营销，访问者要积极参与到活动中，这就要求互动的方式要便捷，否则用户参与互动的概率就会降低。如果参与互动的方式有层层阻碍，用户可能会因为复杂而不参与。互动中的表格信息、问卷等应简单明了，以便于用户参与其中。

2. 消费者受益

若想使用户积极参与到互动活动中，互动活动要与用户自身利益息息相关，能使用户得到益处。例如可以进行参与互动有奖、发送免费试用装、提供服务等。用户自身能得到利益，参与活动的积极性就会极大提高。

3. 用户体验好

互动营销不仅要便捷和给予用户优惠，更重要的是产品的用户体验要好。只有产品的用户体验好，质量过硬，并进行良好的跟踪服务，互动的用户才有可能成为精准的客户。反之，用户体验不好，消费者会觉得产品质量低而放弃购买产品。

(四)互动营销开展

企业与用户之间的互动，追根究底是为了提高用户对企业的信任，进而购买企业的产品。企业或商家与用户互动得越好，交易成交的概率也越大。

在全媒体平台进行互动营销，一味地追求粉丝的数量而不追求粉丝的质量是不可取的，还要提高用户的满意度。唯有真正站在用户的角度为其着想，才能提高用户的满意度。那么，我们应该怎样来进行互动营销呢？

1. 发布用户关注信息

收集搜索用户较关注的话题，进行梳理和解答并将其发布在全媒体平台。用户被信息所吸引，就会认可产品并转发给朋友，这样就可以使产品得到更多关注。例如，在微信销售衣服时，可以先建立一个美妆穿搭微信公众账号，在教授穿搭技巧时，粉丝会渐渐对卖家产生信赖进而选择购买衣服。

2. 转发用户评价

在用户对我们进行评价时，可以适时地进行转发。一来用户会感觉到自己被重视和尊重，二来转发用户的评论也可以作为产品质量好的证明。当遇到产品有问题的评论时，可以转发来统一解决问题，降低客服的工作量。

3. 及时回复用户

当用户进行评论时，信息回复要及时。就如我们平时联系别人希望能得到最快的回复一样，用户也希望我们能尽快回复评论。及时回复用户，不仅仅使用户得到尊重，还会给用户好印象，一举两得。

4. 解答用户疑惑

当用户存在疑惑时，要及时进行解答。比如，当用户对产品的信息不太了解时，应该向用户详细讲解产品信息；当用户不知道该怎么选择时，应该为用户提供专业的建议；当用户购买产品出现问题之后，应该及时地解决问题。

5. 适时进行活动促销

当用户对产品的信息习以为常后，可以适当地进行活动促销，让用户感到惊喜与新奇。这样不但可以增加新用户，也可以吸引老用户。

6. 对待用户态度诚恳

当为用户服务时，态度一定要诚恳。我们在其他地方消费时，会希望服务人员能真诚地对待我们，而不是敷衍了事。反之，我们在对待用户时，也应该诚恳待人，这样才有助于拉近我们与用户的距离。

七、情感营销

以消费者的个人情感差异和需求作为企业品牌战略的营销核心，通过情感包装、情感设计、情感促销、情感广告、情感口碑等方式来进行营销，为情感营销。情感营销有以下三种策略：建立情感标签、塑造形象标志、建立情感联系。

（一）情感营销作用

1. 情感营销能营造更好的营销环境

传统的营销注重商家与用户的商品交换关系，缺乏与用户的感情交流。全媒体时代的情感营销，不仅重视企业与用户的利益交换，同时也更注重为用户营造一个温馨舒适的营销环境。企业与用户有了更多的情感交流，有利于树立企业的良好形象、有助于企业的长远发展。

2. 情感营销能提升用户对品牌的忠诚度

随着市场竞争越来越激烈，用户对品牌的忠诚度开始成为品牌是否成功的关键因素。情感营销可以通过满足用户情感上的需求，使用户在心理上更认同品牌，进而发展为品牌的忠实用户。

3.情感营销能使企业更有力地战胜竞争对手

在与其他企业进行竞争时，除了要具备产品质量好、产品包装、产品价格合理等硬实力外，还应发展企业的软实力，要尊重用户、为用户着想、赢得用户的信任。用户对企业产生信任感与依赖感后，更有利于企业战胜竞争对手。

（二）情感营销的弊端

1.情感营销可能会引起资源浪费

情感营销可能会使用户过多关注包装、设计等外在条件，忽略商品的本质，不能合理地利用商品，造成浪费。例如，名牌衣服只穿一次便压箱底。

2.情感营销可能会对社会风尚有害

一味地讲名牌，可能会使青少年只注重品牌，不注重自身所具备的条件，产生攀比等现象。这样不利于青少年自身素质和思想的发展，有害于社会精神文明风尚。

3.情感营销可能会导致经济结构失调

企业若只是一味地讨好用户，对商品进行大量生产，可能会破坏经济结构，造成供过于求的现象。

4.情感营销可能会不利于经济的发展

情感营销旨在满足人们的心理需求，可能会使人们为了追求心理上的平衡而购买不符合自身情况的产品，造成消费过度，这样会不利于经济的发展。

（三）情感营销的策略

情感因素是人们接收信息的通道，通过对产品和服务注入感情色彩，才能使消费者产生心理上的共鸣。情感营销正在逐渐发展成为一种打动人们"软肋"的营销方式。情感营销主要包含以下策略：

1.建立情感标签

企业需要根据自身的特点与特色，选择合适的全媒体平台，精准定位自己的情感标签。情感标签要根据情感差异化和市场调查来获得，要符合产品的内容，别具一格。例如，美丽说，一听就知道产品的内容为能使人们变美丽的事物。

2.塑造形象标志

在微信、微博、论坛等全媒体公众平台，企业的整体形象和特征要一致、清晰、准确、具有辨识度。要站在用户的角度，给予关怀和理解，积极沟通交流，使用户产生归属感和认同感。

3. 建立情感联系

用不同的交流方式、不同的推送内容，与不同地区、年龄、性别的粉丝进行互动联系。坚持发布有使用价值和持续性的内容，及时回复用户消息，建立良好的情感联系。要尊重不同用户之间存在的情感、行为差异，培养忠实粉丝，提高消费转化率。

（四）情感营销开展

大家都已经了解到，情感营销可以让用户对企业和品牌产生心理上的满足感和信任感，增加企业和品牌的忠实粉丝，对于企业和品牌的发展益处多多。那么，我们该怎么进行全媒体的情感营销呢？接下来我们将详细解说怎样在媒体平台进行情感营销。

1. 个人信息

微信的头像、昵称、签名等尽量不要涉及产品的内容，否则容易引起人们的反感。头像可以使用自己的真人头像、背影、侧脸等，客户会觉得与其沟通交流的商家是活生生的人而不是冷冰冰的产品信息。这样可以进一步地拉近商家与客户的距离，更容易产生情感上的交流。

2. 发布生活信息

商家可以在朋友圈里发布自己的生活照以及相关生活信息，切忌整个朋友圈都是广告信息。高品位、正能量的生活照，更容易向用户展示商家的良好形象，使客户觉得商家更可靠。

3. 引发用户的情感共鸣

商家可以根据网上的热点新闻或者生活感受引起话题，反映人们的生活需求和情感需求。只有引起用户的情感共鸣，才能让用户更好地参与其中，从而拉近商家与客户的距离，促进交易的达成。

4. 和用户进行情感上的沟通

在微信上进行情感营销时，要懂得换位思考，真正地为客户着想。比如在销售婴幼儿产品时，可以像朋友一样就小孩的饮食、健康、教育话题与宝宝妈妈进行讨论。有了共同的话题后，客户与商家更容易产生共鸣，从而使得客户更信任商家。

5. 发布专业知识

在这个信息大爆炸的时代，人们更愿意关注干货。在朋友圈发布专业知识，更容易获得客户的关注。例如，在销售服装或者化妆品时，可以发布一些服装搭配、美妆教程等专业知识。客户在吸收干货的同时，也使商家树立了专业、靠谱的形象。

八、软文营销

软文使人们在放松的状态下，猝不及防地陷入商家的"套路"，使商家的产品得到极大的宣传。软文营销，就是指当下比较流行的一种用特定的概念诉求、摆事实、讲道理，使消费者进入商家的"思维圈"，针对性地攻克消费者的心理，从而促进产品销量的一种文字营销模式。

（一）软文的特点

软文伴随各种媒体而生，在全媒体平台上也是如此。在全媒体平台上进行软文营销成本低、利润高，人们也更容易接受。在全媒体时代下，软文营销呈现以下特征。

1. 形式多样化

传统的软文多为新闻稿、通讯稿，形式较为单一。相比之下，全媒体的软文形式更为多样化。既可以是正儿八经的公关软文，也可以是轻松幽默的段子软文，更可以是催人泪下的情感软文。

2. 语言网络化

全媒体时代的软文稿要有"网感"，也就是语言要网络化，观念不能过于陈旧，文字要能与90后、00后的主流用户进行沟通。

3. 成本低

普通的广告，花费时间长，消耗的成本高，有时还不能达到令人满意的效果。而软文营销只需要一篇小小的文章就能引爆不可想象的市场。尤其是在全媒体平台，发布软文可以更快、更好地将信息传递出去。

4. 客户接受度高

软文营销中的软文有的是新闻热点，有的是科普知识，有的是故事等。相对于硬性广告来说，软文的可读性更强。当客户被文章所吸引时，不知不觉就会将文章读完，最终才了解到原来文章是广告。在这个阅读过程中，客户的接受度是较高的。

5. 传播持续性强

传统的广告，例如在电视上做的广告，人们在观看后不会将它录下来去看，而优秀的软文可以不断地被传播。例如在微博、微信等平台，经典的内容总是会被持续地传递下去。

6. 操作灵活

传统的硬性广告会受到时间、版面等限制。软文营销则可以将软文发布在很多全媒体平台，形式可以多样化、篇幅可大可小。因此，软文营销的操作更灵活。

（二）软文营销的四点要素

1. 标题具有吸引力

软文的内容能够吸引人是远远不够的，还需要有一个具有吸引力的标题。一个新颖的标题可以引起人们的好奇心，使他们愿意阅读文章的内容。但是，不要做"标题党"，即标题要与文章内容一致，否则容易引起人们的反感。

2. 抓住时事热点

软文的内容要紧贴时事热点，这样可以引起人们的广泛关注和议论，让文章更具有传播性。

3. 文章排版清晰

排版凌乱的文章会使读者阅读困难、思维混乱。因此，软文的文章排版要清晰，要有层次感。

4. 广告内容自然

在软文中不要生硬地加入广告，而是要将广告自然地与文章内容融为一体。在写软文前，要提前确定软文广告的目的。如果软文写作技巧不够高，则可以将广告插入到文章的第二段；如果软文的写作技巧高超，文章吸引力比较强，则可以把广告放在末尾来写。

（三）软文营销开展

1. 选好宣传点

软文营销的最终目的是使消费者在阅读文章后，了解到企业产品的信息，从而达成交易。我们应写出在消费者阅读后产生兴趣的文章，突出产品质量好、价格合理等优点。用亲切的语气与读者对话，将产品宣传出去，进而提高转化率。

2. 选择宣传阵地

文章的首发要精准锁定目标消费人群，首发的全媒体平台最好比较有名，例如微博、微信等，这样消费者才会觉得产品信息真实可信。在较大的全媒体平台发布文章后，可以将软文转发到其他的专业论坛，获得更多的关注。

九、会员营销

在我们的生活中，去商场购物时，很多地方都可以使用会员卡，可以给会员带来优惠。同样的，在全媒体营销中，也存在一种营销方法——会员营销。什么是会员营销呢？商家通过会员管理的方法，将普通顾客变成会员，通过分析会员的消费信息，探索顾客的持续消费力和消费价值，并以客户转介的方式，实现客户价值最大化的方法，即为会员营销。

（一）会员营销的优点

1. 会员制可以培养忠实顾客

会员制有一个普遍特征就是薄利多销，在会员期限内，如果企业能使顾客满意则可能会成为长期的会员。拥有了较多的忠实顾客，企业在与同行竞争时也更具有竞争力。

2. 会员制可以开发新顾客

企业的会员制会给会员带来更多优惠,这对于新顾客来说也是一件具有吸引力的事。通过老会员的宣传,可以发掘老会员身边的新顾客。

3. 会员制可以促进企业和顾客的相互交流

顾客成为会员后,通常能定期收到企业的产品信息和动态,可以进行针对性选购。企业通过与顾客交流,也可以了解顾客的需求以及意见,便于企业更好地完善产品。

(二)会员营销的操作步骤

第一,设计会员体系,选择会员销售软件。

第二,发卡、记录消费记录。

第三,分析会员数据,开展营销活动。

第四,分析活动的收益,提出修改方案。

(三)会员体系设计

1. 细分会员等级

根据会员的不同消费习惯细分会员的等级。细分等级的原则可以根据以下几点来划分:消费者的交易金额、消费者近期到店消费的情况、消费者的交易量等。根据多个维度细分会员的等级,筛选出店铺的忠诚顾客。这样可以精准投放优惠券,减少了优惠券的浪费,还可以降低爆炸式信息对会员产生的负面情绪。

2. 按等级给予优惠

划分出不同的等级后,商家要积极引导会员产生等级意识。不同等级的会员可以享受不同的优惠。例如,对于在3个月内多次到店铺消费的会员,可以发放满150元减20元的优惠券;对于3个月内只消费1、2次的会员,可以发放半年包邮优惠卡。实行不同的优惠方式,可以吸引更多不同消费层次的顾客。顾客得到了优惠,商家也增加了收益。

3. 后期跟踪维护

在划分不同会员等级并发放相应的优惠券后,还应做好后期的跟踪服务工作。身为商家,会员不仅要懂得建立新的会员关系,还要进行会员关系的维护。从追踪的数据中选出有价值的信息,不断调整相应的优惠方式,才能使客户与商家的关系得到更好的发展。

第三章　全媒体营销模型的建构

第一节　全媒体营销模型建构要素

一、大数据与互动信息平台将是解决营销冲击的重要因素

（一）大数据技术用以解决营销数据化失灵的问题

营销是一个数据化的过程。在这个营销活动的完成过程中，营销调研和消费者洞察的进行，数据结果的收回、存储、处理、分析、运用都有赖于相关的数据处理技术来完成，基于这样的数据分析，营销者才能够准确地知道消费者的消费需求、媒体接触行为等信息，然后才能够制定合适的产品服务策略、营销传播策略、定价与铺货策略等，保证营销活动得以顺畅、有效地完成，达成既定的营销效果。

然而，海量数据的现实让原本的数据处理技术无法再胜任这样的要求，这就致使营销者无法准确地把握需求，因而需要寻求别的途径来解决这一问题。而大数据技术恰好是为了应对海量数据的存储、分析和处理而诞生的，所以理应能够满足营销者对于海量营销数据信息处理的要求。

在全媒体营销模型当中，需要用大数据技术完成三大任务。第一是海量数据的收集和处理任务，例如分析消费者的行为、预测消费者的需求、验证需求信息的准确性、提供精准的营销信息投放参考等等。第二是要利用大数据的技术特征，建构起互动的数据库，让有限的数据在海量数据的背景之下发挥有别于传统数据库的、更大的作用，满足作为大多数而存在的、非数据源掌握机构的营销需求。第三是在技术问题与法律、伦理问题之间找到一个平衡点，让营销者一方面能够充分运用大数据带来的营销可能，另一方面规避数据搜集和处理中会产生的用户隐私侵犯问题。相对来说，前两项任务更容易完成，第三项任务则需要社会各界的共同努力。

（二）互动信息平台用以匹配媒体数字化中的传播需求

传播行为几乎发生在营销活动的每一个环节当中，营销者的消费者信息搜集、营销信

息的传播、营销效果的监测等行为除了需要相关技术之外，还需要借助一定的传播介质来完成。以前，这种介质是大众媒体，因此我们根据大众媒体的特点制定了相应的传播活动模式。但现在的事实是，原本以大众媒体为核心的传播活动模式被全媒体融合化解构了。营销中的传播失效问题必须解决，而我们提出的解决方式，就是建立互动的信息平台。

这个互动信息平台的功能将分为三个层次。第一层是基础功能，即满足营销活动中各种参与力量（包括营销者、媒体、营销服务机构、目标消费者等）的传播需求，匹配其传播行为特征；第二层是核心功能，这个平台将成为信息的集合体，让营销者通过这个平台实现营销信息低成本、大规模的搜集，可以说这个平台就是海量营销数据的诞生之处；第三层是拓展功能，这个平台要能够尽可能吸引营销活动中的不同力量积极参与进来，让他们主动发出信息，而且只有当用户数量足够多的时候，我们才能够根据集群的概念将这些用户以及他们所产生的需求进行分类，以实现精准营销。

所以，我们期望建立的互动信息平台是海量信息数据的生产、传播介质，是互动式传播的承载介质，更是测算并验证需求信息的介质，是实现精准营销的重要支撑。这样一来，我们不但能够解决原本的传播问题，而且能够给营销带来更加广阔的空间和更大的可能。

二、互动信息平台在全媒体营销模型中的运用

"互动信息平台"的概念界定为：建立于互联互通的网络介质之上的，以平等、开放、互动为特征的，通过丰富的交互空间设计来吸引大量使用者、参与者进入，能够产生、汇集海量信息数据的传播平台、传播产品或者产品集合。接下来，本书将着重去解析互动信息平台的特征以及该要素对于全媒体营销模型建构的作用和影响。

（一）构建信息平台的必需性要素

1.互动信息平台构建的三大基本元素

第一是海量端点。从传播的角度来看，这就是信息传播者和接收者的总和，包括信息生产者、信息消费者以及生产兼消费者，意味着海量的信息数据，体现着庞大的生产和需求量。

第二是通用介质即网络要素。同样，对于传播类产业来说，这种通用介质包括数字技术、物理传输网络和网络通用传输协议，通俗来说就是需要物理网络或虚拟网络。有线数字电视网和通信网都属于物理网，互联网则属于虚拟网络。

第三是交互空间。与通用介质形成的网络一样，交互空间可以是物理的实体，也可以是虚拟的，或者是虚实结合的。举例来说，安卓智能手机的使用者、生产者、软件提供商、

程序开发者、内容提供商等都属于海量端点；安卓智能手机所接入的网络、这个网络的传输协议等都属于通用介质；而交互空间既可以包括安卓的平台开放与接入规则、商业分成规则、操作系统等技术规则、数据库与后台处理系统，也可以包括在线应用商店、各类应用程序以及各种搭载安卓系统的手机等。可以说，海量端点形成了平台的规模效益，通用介质形成了平台的支撑基础，交互则是平台最为核心的一个功能。要构建起一个信息平台，这三者缺一不可。

2. 互动信息平台的参与者可分为基础的三大类

在平台的参与角色中，平台运营商、内容和应用服务提供商、终端用户是最为基本的三者。平台本质上是一个势力范围和场域的概念。从海量端点到通用介质，到交互空间，随着越来越往中心区域靠近，平台系统对其的控制力也由弱渐强，三者在平台系统中的地位由边缘转变到核心。对于平台来说，端点是不能控制的，海量端点与平台之间的关系是松散的，平台需要通过各种努力把其吸引在周围；交互空间是平台本体，也是控制力最强的中心。中间的通用介质是灰色地带，既可以由平台控制、拥有或规定，也可以独立于平台而存在。

因此，为了加强平台的吸力和控制力，平台运营者就需要通过自我设计或者引入其他参与者共同设计出平台的核心产品和服务，从而尽早实现和保持用户市场的规模化并对其进行有效管理，制定合适的定价策略与盈利模式，实现对平台的有效运营。通常在这个阶段，营销机构便已经参与进来，将营销信息植入平台的产品与服务当中。

3. 全媒体营销模型中的互动信息平台

完全建构起一个信息平台其实是一项巨大的工程，需要投入大量的人力、物力和财力。互联互通的网络、规范化的交互空间规则、丰富多样的平台产品以及海量的平台使用者等等，具备这些核心要素给平台的建设者和运营者提出了极高的要求。因此，在规划、设计全媒体营销模型时，并不要求模型的使用者去独立建构一个能够实现互动功能的信息平台，而是希望能够利用现有的平台基础进行运作。分别由广电机构、通信企业主导建构的家庭信息平台和个人信息平台正逐步走向成熟和完善，由众多参与角色共同打造的互联网信息平台也基本具备了成为社区信息平台的条件。所以，本书所建构的全媒体营销模型完全可以基于现有的信息平台来完成。

事实上，全媒体营销模型中的互动信息平台是一个相对宽泛的概念，既可以将其理解为个人信息平台、家庭信息平台、社区信息平台的集合，也可以理解为是其中某一个平台，或者是任一网络平台上的具象媒体或媒体产品。对于这个平台究竟应该有多"大"、规模如何，我们并不作强制性的界定。但是，为了在后文中论述方便，在本书进行全媒体营销模型建构的过程当中，我们按照平台所在网络的不同，统一将依托于互联网建立的信息平台归入社区信息平台的大范畴之内，便于与家庭信息平台、个人信息平台相区分。

当然，虽然我们不绝对限制平台"大"的规模，但是为了进一步厘清互动信息平台的概念，接下来我们还需要对互动信息平台的几个重要特点进行分析。

（二）互动信息平台的核心特点

1. 平等与开放

作为信息传播的介质，平等与开放是平台与传统封闭式的传播体系相比最大的核心特点。

可以说，平台是一个面向多数人的开放系统，只要符合条件的个人和组织都可以参与到平台上来。平台的操作方式、盈利方式、运作理念都是以平等、开放作为基础来进行的。真正成功的平台必然强调开放、平等的关系，希望能够吸纳尽可能多的参与者进入，即便是平台的创建者和运营者，也不可能且不应当将平台完全置于自己的控制之中。

当然，当平台足够大时，平台建设者和运营者在平台中所发挥的作用会处于主导地位，甚至可能存在垄断倾向，比如苹果在 App Store 中占据了绝对的垄断地位，但是，这种垄断地位是针对市场经营行为而言的，就这个 App 集成平台本身来说，依然是一个开放的平台，不管苹果如何垄断，针对 IOS 操作系统的、符合其管理规定的绝大多数软件均可运行，也可以按照用户的意愿被检索和使用，并不会出现这个平台上只有苹果一家公司掌控的局面。与之相同的还有微软操作系统等。

这样，不管全媒体营销模型将要利用怎样的互动信息平台来建立，都可以保证拥有足够的参与者和使用者，这也就保证了平台上能够拥有足量的信息数据，产生丰富多样的交互产品，为营销模型收集数据、分发营销信息提供了保障。

2. 实现信息交流的互动性

除了平等、开放之外，互动信息平台应具备的另一项核心特征就是能够实现互动式的信息交流。所有参与、使用平台的机构和个人都可以在交互空间规则的允许之下，在平台上自由地进行信息生产、传递、交换和获取。所以，个人用户、机构用户、平台运营者、平台所有者等各类角色之间的信息交流和信息沟通是畅通无阻的。互动信息平台必须能够满足参与其中的各方可以相互交流、进行双向互动的要求。

例如，目前的淘宝和亚马逊所构建的电商平台就是这样一个互动信息平台，在这个平台上，平台构建者与不计其数的商家、个人消费者都可以实现即时的在线互动交流，从对方那里获得自己想要的信息和数据，得到对方的即时反馈信息。

这个特点和功能保证了全媒体营销模型能够实现营销者与消费者的即时沟通，在最大可能的范围内缩短信息反馈的时间，同时也保证了营销者能够获得尽可能全面、多样的信息数据。

3. 保证参与者的利益均衡

为了确保全媒体营销模型保持长期的稳定性，让模型中各个角色之间能够实现长期的稳固合作，要求互动信息平台能够具备利益均衡的特征。从平台自身的发展来看，这一点也是非常必要的，因为如果平台中的某一方取得了利益而其他的参与者却没有得到利益的话，那么平台必然无法长久存在。

例如，成功的电商平台能够让消费者减少寻找购物信息的精力和时间，能够让他们享受货到付款、送货上门的便利服务；可以让企业减少中间流通环节和铺货成本，提升企业的 ROI；能够让营销传播机构通过开放的数据进行分析与挖掘，获取需求信息；平台创建者则通过构建了这样一个信息沟通、交换的桥梁而得以发展壮大。各方均能获益才能够让这个平台长期、稳定、健康地存在并成长。

三、大数据技术在全媒体营销模型中的运用

虽然本书一直表示大数据技术是解决传统营销数据化失效问题的重要途径，但是并不认为大数据技术本身毫无弊端，或者可以完全照搬业界目前的理念和探索，将其直接运用于营销模型当中。所以，我们在描述大数据技术特征及其如何在全媒体营销模型中发挥作用时，将持两分法的思路，进行适当的取舍和补充，找到全媒体营销模型运用大数据技术的最佳方法。

同时，由于本书的主题是营销模型的建构，所以也将更加侧重于大数据的运用理念、方法和规则性的相关描述，不对其所涉及的具体的技术架构、技术概念进行赘述。

（一）大数据的界定与特征

1. 对大数据及大数据技术的界定和理解

从某个程度上来看，大数据与云计算理应是一对相辅相成的概念。云计算是一种 IT 理念、技术架构和标准。说到云计算的技术，虚拟化、分布计算、网格计算、并行计算等等会被提及，而云计算也不可避免地会产生大量的数据，所以大型的云计算应用不可或缺的就是大数据技术。云计算带来了硬件存储的条件——更便宜的分布式运算存储，所以在云计算产业已经规模化发展三年之后，分布式结构计算才给大数据提供了记录的载体。这也是为什么社会各界在云计算、云存储浪潮之后才又掀起了"大数据"热议的原因。

当我们将"大数据"看作一个名词进行理解时，相当于我们一直所说的海量数据，它是指由数量巨大、结构复杂、类型众多的数据构成的数据集合。它催生了基于云计算的数据处理与应用模式，通过数据的整合共享、交叉复用，形成了智力资源和知识服务能力。这种能力的获取工具和工具体系就是大数据技术，我们参考维基百科将大数据技术定义为：为了应对信息与数据量规模巨大到无法透过传统主流软件工具进行处理的问题，所诞生的在合理时间内能够截取、管理、处理数据并整理成为帮助企业进行经营决策的信息的技术体系及工具。不管是作为名词存在的、对于数据现实进行描述的大数据，还是作为一种技术名词、对数据处理能力进行描述的大数据技术，它们共同具备了 4V 的特点，即 Volume（数据规模巨大）、Velocity（数据处理速度快）、Variety（数据类型多）、Value（数据挖掘价值高）。

作为一项数据处理技术，大数据要求在可容忍的时间内来处理大量的数据。适合大数据的技术包括 A/B 测试、关联规则学习和分类、集群分析、大众外包、数据融合和集成、遗传算法、机器学习、自然语言处理、神经网络、模式识别、异常检测、预测建模、回归分析、情感分析、信号处理、监督和无监督学习、仿真、时序分析和可视化等。额外的适用于大数据的技术包括海量并行处理（MPP）数据库、基于搜索的应用、数据挖掘网格（计算）、分布式文件系统、分布式数据库、基于云的基础设施（应用、存储和计算资源）和互联网。

而大数据的概念以及技术得以迅速普及、推广和被重视的原因还在于，从相关数据的单一大数据集推导而来的额外信息与分离的较小的具有相同数据总量的数据集相比，更加能够通过发现相关性来实现识别商业趋势、确定研究的质量、预防疾病、打击犯罪以及实时确定道路交通状况等。也就是说，大数据能够给社会生活中的各个方面带来巨大的优化和升级，具有很强的实践与推广的可能及必要性。

2. 大数据的特征

要真正理解大数据，尤其是将大数据运用于营销传播当中，我们还需要从以下几个方面来进一步了解大数据。

第一，"大"是一个相对概念。在不断发展与演变的基础之上，云计算和大数据出现。大数据是指那些大小已经超出了传统意义上的尺度，一般的软件工具难以捕捉、存储、管理和分析的数据。人类对于数据的计量单位已经从位、字节、千字节、兆字节、太字节走向了泽字节甚至尧字节，具体多大的数据才能称为"大"其实并没有具体的规定。麦肯锡全球研究所认为，大数据的"大"是一个发展中的目标，我们并不需要给"什么是大"一个具体的尺寸，因为随着技术的进步，这个尺寸本身就在不断增大，而且对于各个不同的领域,"大"的定义也不尽相同,无须统一。

第二,大数据有两类基本来源。在现实生活中,大数据的来源可以分为基础的两大类,第一类是物理世界,第二类是人类社会。前者主要是科学实验数据或传感数据,例如全世界的工业设备、汽车、电表上有着无数的数码传感器,随时测量和传递着有关位置、运动、震动、温度、湿度乃至空气中化学物质的变化,产生了海量的数据信息,这些都可以称为"大数据"。然而当我们将大数据与营销相关联时,则主要研究的是与人类活动相关所产生的数据,包括人类的行为、人类彼此之间的关联、人与社会的关联、人与自然的关联等等。所有的关系、关联、信息都可以转化为数据,并为我们所用。一直以来人们始终坚信,自然现象能够被人类理解、描绘、量化和预测,并最终受人的控制,然而对于人类的行为我们此前却无法捕捉其中的规律,无法准确地预知,因为过去我们没有相关数据,也没有一定的方法来探测人类的行为。然而,现在我们正处于一种不断变化但却日趋精密地被监视的状态中,我们的一举一动都能在某个数据库中找到线索,大数据第一次毫无偏见地为我们提供了成千上万人,而不是少数人的详细行为记录。大数据帮助我们发现,人类的大部分行为都受制于规律、模型以及原理法则,而且它们的可重现性和可预测性与自然科学不相上下。人类行为的93%都是可以预测的。

第三,大数据具有流动性。所谓流动性,我们可以将大数据与传统数据库相比较,前者相当于海洋,后者相当于池塘。这种对比首先自然是源于两者在量上的区别,但同时也是因为,池塘中的水是静止的,池塘的边缘是固定的,也是人为圈定的,正如传统数据库那样,其数据处理中所建立的数据库、数据集合是先由人类进行假设,之后圈定数据进行分析与研究,最后进行验证假设的。而大数据正与海洋相同,是流动的、有生命的,数据相当于这个海洋中的水滴,源源不断地汇集到海洋当中,海洋中的水分又会经过蒸发作用重新回到河流、循环往复、生生不息。所以,我们可以将每一条河流、湖泊看作一个更小的数据库,每一个数据库中的数据均与海洋相连接。每一条河流都有独立性,有自己的特征,但是也与海洋中的"水"具有一定的相通性。因此,我们在大数据背景和基础上建立不同的数据子集,用以进行不同的细分研究,但是也可以用大数据的背景进行共性的预测,可以随时调用大数据中的数据内容来更迭、替换、补充数据子集。这也是我们在营销体系中使用大数据的一个重要思路。事实上,掌握数据源头的公司、机构并不多,在现有的数据开发和开放程度之下,也不可能让所有公司都掌握海量数据。对于大部分营销传播体系中的机构来说,在大数据的背景之下以有限的数据建立具有流动性和互动性的数据库,将共性趋势的推断与细分研究的精准相结合是更契合现实的方法。

第四,大数据具有可获取性。新技术已经大大减小了数据收集和分析的难度,同时也能让其他人独立挖掘和重新分析这些数据。今天的社会因多种不同目的而需使用这些科学数据，因此，应当让数据能够被更广泛地获取，建立透明、标准和公开的数据档案。科学界正努力承担这个基本责任，各国的政府机构、社会机构也在意识到这一重要性之后于不同的层面开放数据。当我们聚焦到营销传播领域时则发现，由于传播的平台化发展趋势日益明显，互联网、广电网、通信网共同组成了一个巨大的信息流动平台。我们根据用户特征以及通用介质、交互空间的不同，对这个巨大的传播平台加以细分，又可大致将其划分为家庭信息平台、个人信息平台和社区信息平台。在这三大平台之上，来自网络、内容、业务、产品、终端、营销、用户等各种参与者的数据信息汇聚成营销传播领域的大数据，以数据云的形式存在着。大数据技术在营销传播领域的运用正是为了应对这个数据云而存在。

第五，大数据具有极强的实践运用价值。正如上文所说的那样，如今，大数据已经被运用于各个领域。数据正在成为新时代的"信息电厂"，成为知识经济的基础设施和重要生产力。从海量数据中提取有价值的信息进行数据分析使数据变得更有意义，并将影响政府、金融、零售、娱乐、媒体等各个领域，带来革命性的变化。在与营销相关的行业中，大数据也催生了新的公司、业务、产品乃至商业模式。首先，像亚马逊、谷歌和Facebook这类公司，它们拥有大量的用户信息，通过对用户信息的大数据分析便可以解决自己公司的精准营销和个性化广告推介等问题。其次，像IBM和惠普这类公司，是通过整合大数据的信息和应用，给其他公司提供"硬件 + 软件 + 数据"的整体解决方案。再次，新兴的创业公司则通过出售数据和服务更有针对性地提供单个解决方案，这些公司更接近于把大数据商业化、商品化。

第一类公司将改变营销学的根基，精准营销和个性化营销将有针对性地找到用户，多重渠道的营销手段将逐渐消失。第二类公司将改变公司的管理理念和策略制定方式，没有数据分析支撑的决定将越来越不具有可靠性。第三类公司将"大数据"商品化，这将带来继门户网站、搜索引擎、社交媒体之后的新一波创业浪潮和产业革命。同时，第三类"大数据"公司的针对性咨询服务会对传统的咨询公司产生强烈的冲击。即使是第二类提供整合服务的科技公司，也会因其系统和软件的垄断封闭性受到第三类开源大数据的挑战。

（二）大数据技术带来了数据运用及处理方法、理念的改变

从技术处理手段上来看，大数据技术对于传统的数据处理来说是一种变革。这种技术上的变革也在迫使人们产生数据运用的方法与理念的变化，从而与大数据技术相匹配。大数据与三个重大的思维转变有关，这三个转变是相互联系和相互作用的。首先，要分析与

某事物相关的所有数据,而不是依靠分析少量的数据样本。其次,我们乐于接受数据的纷繁复杂,而不再追求微观领域的绝对精确性。最后,我们的思想发生了转变,不再探求难以捉摸的因果关系,转而关注事物的相关关系。

首先,要分析与某事物相关的所有数据,而不是依靠分析少量的数据样本。其次,我们乐于接受数据的纷繁复杂,而不再追求微观领域的绝对精确性。最后,我们的思想发生了转变,不再探求难以捉摸的因果关系,转而关注事物的相关关系。这是大数据技术的三个重要特点,在其给营销传播带来全新的可能的同时,这些特点不一定全部适用于营销传播领域,有些观念与方法我们应当有选择地进行借鉴。

1.用全部数据代替抽样样本

虽然一直以来随机采样这样的统计方式取得了巨大的成功,成为现代社会、现代测量领域的主心骨,但这只是一条捷径,是在不可收集和分析全部数据的情况下的选择,它本身存在许多固有的缺陷。它的成功依赖于采样的绝对随机性,但是实现采样的随机性非常困难。一旦采样过程中存在任何偏见,分析结果就会相去甚远。所以,在实际的研究当中,一旦人们想通过数据分析来了解目标群体或研究对象更加深层次的细分领域的情况时,随机采样的方法就显得力不从心,其在宏观领域所发挥的积极作用在微观领域显然并不那么奏效。

可以说,在人类较早信息处理能力受限的时代,世界需要数据分析,却缺少用来分析和收集数据的工具,因此随机采样应运而生。如今,计算和制表不再像过去那样困难。感应器、手机导航、网站点击等被动地收集了大量数据,而计算机可以轻易地对这些数据进行处理。采样的目的就是用最少的数据得到最多的信息,然而随着计算机技术的不断发展,在人类已经可以通过各种各样的方法,同时以较低的成本来获得海量数据的时候,抽样调查的意义和优势就被弱化了。面对当下的海量数据,人类的数据处理技术已经得到了极大的优化,因此在数据运用与分析处理方面的方法与理念也理应与之相匹配,不断前进。

我们需要足够的数据处理和存储能力,也需要最先进的分析技术。同时,简单廉价的数据收集方法也很重要。过去,这些问题中的任何一个都很棘手。在一个资源有限的时代,要解决这些问题需要付出很高的代价。但是现在,解决这些难题已经变得简单容易得多。曾经只有大公司才能做到的事情,现在绝大部分的公司都可以做到了。大数据让公司能够实施比以往精确得多的监测,因此,也有人认为:今后再没有必要只根据小范围的数据样本进行推断了,因为现在的技术已有可能做到分析整个数据集。

社会科学是被"样本=总体"撼动得最厉害的学科。随着大数据分析取代了样本分析,社会科学不再单纯依赖于分析实证数据。抽样调查本身所带来的偏差现在已经可以被避免,我们可以收集到过去无法收集的信息，获取新的知识，诞生新的观点。对于营销传播来说，也是如此。能够以较为低廉的成本进行数据的收集，同时用海量数据分析代替小范围数据样本推断，这恰好符合传播平台化的数据要求，无疑给营销调研带来了全新的可能。

2. 不再执着于精确性，而是拥抱混杂性

在阐述大数据的核心特征时，舍恩伯格提到的另一个观点就是大数据要求人们逐渐习惯这样的思维：允许不精确的存在，这是一个亮点而非缺点。因为对于"小数据"而言，最基本、最重要的要求就是减少错误，尽可能地提高精确性，否则在有限的数据信息中，即便是细微的错误也会被放大，甚至影响到整个结果的准确性。所以在抽样调查时代的各个学科领域，人们一直在致力于优化测量的工具，以期获得更加准确的数据结果。传统的样本分析师们一直研究的是如何防止和避免错误的出现，在收集样本的时候会用一整套的策略来减少错误发生的概率；在结果公布之前，会测试样本是否存在潜在的系统性偏差。这样的人力物力的投入让抽样调查理念之下的数据研究耗费巨大，而且仍然难以保证数据研究的结果能够与真实情况完全匹配。这也很好地解释了为什么传统营销体系中，测量工具、测量模型、测量方法一直被看得相当重要，难以计数的机构都将精力投入于营销调研的优化研究当中。

相反，大数据强调的是数据的绝对大量，正因为放松了容错的标准，人们能够掌握的数据才多了起来，并且可以利用这些数据做更多更新的事情。不那么执着于精确，在拥有足够多的数据之后，大数据的简单算法比小数据的复杂算法更有效；纷繁的数据越多越好，为了更好地进行预测，我们不得不放弃对精确的追求，同时接受可能长期存在的"错误"；为了解决数据存储和分析方法越来越和现实相冲突的矛盾，我们需要设计新的数据库，用以使用大量的非结构性的数据。

所以，当我们运用大数据技术时，不可避免地需要包容错误，放弃传统数据分析时对精确程度的要求。小数据虽然能够提供严格的精确性，但是大数据技术让我们可以快速获得一个大概的轮廓和发展的脉络。对于这样的变化，在营销领域中则应当区分运用。一方面，对于大部分的需求而言，显然大数据技术可以让营销者迅速地做出预测和大致的判断，这种预测和判断是适应大多数的，这就立刻切中了营销者希望尽可能把握"大部分"的市场需求的心理，可以有效地提升传统营销模型和理论的有效性。另一方面，由于现在的传播是平台化、互动化的，因此针对小部分群体的精准营销和互动营销仍然需要精确性，这部分需求显然也不应该被放弃，所以，全媒体营销模型需要在大数据技术的基础上进行调整，或者与其他方法进行结合使用才能够实现。

3. 更重视相关关系而非因果关系

大数据技术强调的相关关系可以帮助人们捕捉现在和预测未来。在以往的数据研究方法中，通常是研究人员有了想法，然后进行假设，之后用数据来验证这种假设，测试这种想法的可行性。然而大数据使得人们理解世界不再需要建立在假设的基础上，用数据驱动的关于大数据的相关关系分析法取代了基于假想的易出错的方法。大数据的相关关系分析更准确、更快速，而且不容易受到偏见的影响。所以，相关关系分析法基础上的预测成为大数据的核心。

在这里我们看到，大数据技术在"预测"上可以发挥巨大的作用，这对于营销传播来说无疑有着极大的吸引力——我们可以更加准确地进行需求的预测。然而，在这个过程中我们也看到，大数据强调"是什么"而不是"为什么"，这正如在互联网上，一切交由数据说话，点击就成了决定一切的指针，所有互联网媒体或机构都以点击为依据，以大多数为依据，去构建内容、生成产品、吸引关注，而不再思考背后的原因。对于传播平台上具备短、平、快特征的虚拟信息产品而言，这种方式是能够奏效的。但是在现实生活中，这种方式却不适合照搬全抄。诚然，这种相关关系和预测能够有效地帮助生产者去生产适销对路的产品，然而非信息产品的生产与销售是需要周期的，如果不考虑原因，只看到数据的引导，不加以判断，只盲目遵从数据的指引，那么很可能就会需要不断调整自己的生产方向，而这显然是现实当中不可能完成的任务。所以，对于营销传播来说，我们需要了解"是什么"，同时也不能完全放弃追问"为什么"。

第二节　全媒体营销的核心理念及特征

在明确了以互动信息平台和大数据技术作为全媒体营销模型的支撑性要素之后，我们还需要明确该营销理论的核心理念，用来指导模型的构建和实践运用。在本节中，我们将对全媒体营销的四个核心理念进行分析和描述，进一步明确全媒体营销模型的构建原则。

一、利用互动信息平台承载互动化的传播模式

（一）"端点"并非"终点"

信息平台的一个关键要素就是海量端点。从平台上信息传播的层面来理解的话，这些"点"并非信息传播的终点，在信息平台上的信息传播方向也并不是由中心向四周扩散的

模式。事实上，平台运营机构也是端点之一，平台上的所有端点在信息传播这个行为上都是平等的，并不存在优劣势之分。所有端点背后的机构或者个人都可以在遵循平台基本规则的基础上，按照自我的需求成为信息的生产者、传递者和接收者，并且可以随时在这三个身份中进行自由转换。

所以，互动信息平台之上的海量端点并不仅仅是为了接收信息而存在的，还创造了海量的信息，完成了海量信息传递的任务。从这个意义上来看，平台其实正是一个信息的集合，这是互动信息平台的本质，也成为全媒体营销模型的建构和实现海量数据汇集的重要基础。

传统营销体系之所以"失灵"，是因为"测不准"。其理想模式就是实现低成本且大样本的普查，从而实现需求测量的精准性。可见，大样本，也就是大量的信息和数据成为弥补测量漏洞的第一步。互动信息平台提供了收集海量信息和大样本数据的基础，之后才能够以大数据技术实现海量数据的分析。

（二）创造"端点"之间互动的可能

信息平台的另一个要素是交互空间。之所以要设计平台的规则，设计端点之间沟通的桥梁，其实正是为了保证不同的端点可以在互动信息平台上实现互动。在这样的前提下，丰富多样的交互空间业务及产品让整个营销传播体系中处于不同环节的各种角色都可以实现互动和对话。

传统的营销体系中，理想的状态是生产者通过对消费者需求的测定来按需生产，这个过程中生产者知道消费者的需求，消费者却不知道生产者的生产状态，这种不对称正是生产者通过营销实现盈利的重要条件。然而，随着传统营销体系在受到冲击之后出现了失灵，这种不对称也被打破了，而且正朝着"对称"的方向发展。

所以，全媒体营销模型希望构建的互动信息平台正是利用交互空间的设计，提供了一个实现"对称"的重要平台，并且试图通过找到针对这种"对称"性的营销手段来重构盈利模式，让生产者、营销者能够重新利用营销实现互动化、平台化传播环境中的盈利。

二、重塑消费者（受众）的角色

互动信息平台提供了一个让营销传播体系中各类角色在不同环节平等对话的机会与可能性，而这种全新的传播模式也彻底改变了传统营销传播中"消费者"的角色。全媒体营销的核心理念之一就是在最大可能之内强化"消费者"（即"受众"）的互动性。

（一）让消费者（受众）"发声"

在传统营销传播体系中，营销者与消费者、传播者与受众之间的关系可以用"瞄准"

与"被瞄准"来形容。前者在测定需求信息之后，希望通过各种各样的渠道传递营销信息，让营销信息能够被送达后者处。这也是传播学中"枪弹论"最为形象的一种描绘。

虽然20世纪40年代以后，以枪弹论为代表的传播理论逐渐被抛弃，被代之以更多地考虑到传播的人类特性而更少归因于这一过程的物质资产的力量的理论。但是，关于营销传播的研究仍然是将消费者（受众）放在营销传播中的"被动"位置上进行的。现实环境中消费（受众）所能够拥有的信息反馈渠道和方式也确实存在较为明显的不足。

然而，全媒体融合环境下消费者（受众）已经具备了从被动接收信息转变为参与到信息生产和传播中的意识，也通过数字化的媒体、网络获得了这样的能力。因此，亟须创建有效的途径，让消费者（受众）不但能够进行信息反馈，还能够自主"发声"。所以，在全媒体营销模型中互动信息平台的建设目的绝不只是拓宽原本的传播路径，更是为了营造宽阔的、从受众到传者的传播回路。

（二）让消费者（受众）掌握主动权

正因为消费者（受众）具有信息反馈的能力，拥有按照自我意识生产信息、加工信息、传递信息的需要，也得到了媒体融合带来的多样态媒体工具的支持，这使得他们不但可以躲避传者的信息"枪弹"，还可以反过来掌握"枪弹"，"攻击"传者。在营销信息传递的过程中，这些信息很可能被消费者（受众）加工并进行二次传递，营销信息到达目标消费者（受众）时可能已经不再是最初的样子。所以事实上，利用传统的营销传播方法已经无法让营销者按照理想的模式将营销信息准确地传达至消费者，营销的精准性也就不复存在了。

所以，建构全媒体营销模型时的一项重要指导思想就是：一方面积极利用消费者（受众）的这种需求与能力，让他们自己掌握信息传播的主动权，让他们自己表达需求，共同参与到生产者的生产、服务中去；另一方面，对消费者（受众）所自主发声而产生的信息，以合适的方法加以甄别和利用。经过这样的两个基础步骤之后，营销者再制定合适的营销传播战略，针对性地提供和传递营销信息，重新赢得营销的精准性。

由此，全媒体营销模型的基本建构思路就是：由个人信息平台、家庭信息平台、社区信息平台共同形成一个容纳海量信息的互动信息平台，让消费者（受众）平等地参与到信息传播的过程当中；要求平台参与者能够提供丰富多样的交互空间业务与产品，进一步激发消费者（受众）表达自我的需求，加强他们生产、加工和传递信息的意愿；再利用合适的工具和科学的手段对这些信息进行分析和整理，真正实现按需生产。

三、打造动态数据库

在构建了互动信息平台、重塑了消费者（受众）的角色之后，我们还需要用科学的工具与手段来实现营销与需求的对接，需要在海量数据的基础之上，能够对某个或者某几个具体的问题进行精细化的研究。所以，借助上文我们所提及的大数据的流动性特征，在全媒体营销模型中，我们希望能够用动态数据库来应对这一问题。动态数据库与传统数据库的区别具体表现在以下几个方面。

（一）库与库之间的纵向动态关联

这里我们所说的数据库其实正是一个个数据子集，这些数据按照不同的标准被汇集到一起。因为我们的数据库是建立在大数据的基础之上、大数据流动性的特征之下，也就意味着数据子集与整体数据之间、大数据子集与内部的细分数据子集之间都存在着数据的流动、交换、更替现象。

这种纵向的动态关联让我们可以利用整体数据获得关于这些数据所承载的研究对象的整体特征、发展趋势，也可以利用数据子集对研究对象进行细分性的具体研究。例如，我们已有的人口普查就是一个整体的海量数据，运用大数据技术我们可以知道中国人的一些整体特征和人群、社会的大致走向，例如人口结构、收入结构、人口流动趋势、生育水平等等。有了这样一个海量数据作为基础，当我们在实际的研究中圈定某一类特殊人群进行研究时，就可以对照这个海量数据得出的一些基本结果进行研究指导，例如中产阶级：中产阶级虽然是整体人口中的一个特殊群体，但是也必然会符合整体人群行为的大规律和趋势。所以，即便我们研究的是更加小的群体，比如中产阶级中的男性、35岁以下的男性中产阶级等等，海量数据研究得出的规律性趋势也都应当是相通的。

我们需要利用大数据基础之下的这种数据库纵向的动态关联来提高较小范围内数据研究的真实性和准确性。

（二）库与库之间的横向动态关联

从"库"的字面概念来看，"库"本身的位置、外部架构是不变的，"库"中所存储的内容是可变的。然而，大数据的流动性使得数据库之间的界限不再那样牢不可破，这种横向的数据流动带来了横向数据库之间的融合性和可变性。正如我们所预料的，互动信息平台将带来海量的数据，这些数据可以根据不同的分类体现出不同的信息和含义。所以我们不希望用原本的"库"的形式将这些数据围于其中，而是希望能够更多地运用"云"的概念去诠释：库本身就是流动的，既可以实现独立性，又可以在必要时随时进行横向的拓展匹配运用。

当我们构建多个数据库之后，即可对这些数据库进行交叉使用、实现迅速匹配。仍以上文人口统计的案例来说明，假设我们在整体数据的统计与分析的基础之下，分别构建了35岁人群的消费行为和女性白领群体媒体接触两个数据子集，那么由于这两个数据子集可以分别对应不同的大数据研究获得的规律和趋势，而且彼此之间还可以实现交叉性的综合分析，这就进一步提升了数据子集研究结果的真实性与准确性。当这种数据子集达到一定的数量之后，大数据技术可以帮助我们实现瞬间的数据匹配和交叉分析，让我们可以用更多的相关数据来辅助现有的数据研究，进行更加广泛、精准的信息推算。

（三）大数据背景下数据库之间的联机分析

其实，上文所说的横向动态关联与纵向动态关联最终的运用，也就是我们说的交叉性综合分析是已经非常成熟的技术。在这里，我们可以用数据立方体以及在线联机分析（OLAP）的运用来进行解释。

假设我们正在对某个行业进行以月度为单位的销售数据统计分析，如果按原始的统计方法进行的话，那么存储记录就是每个季度一条数据值。但是用数据立方体来拓展数据细节的话，我们就会获得巨大的突破。这种拓展方式有两种方向，一类是纵深拓展，也就是基于一个维度的细分，比如将一个月细分到每一天，那么一条记录将会被拓展成30条，3个月就是90条。还有一种是横向的拓展，就是多个维度的交叉，例如除了时间维度之外还可以加入公司维度和产品维度。这样存储的数据就从原本单一的时间维度扩展成了时间、产品和公司三个维度，也就是三维立方体所能展现的形式，当然维度可以继续扩展，4个、5个直到N个，理论上都是可行的，那么数据记录数、数据结果都会以倍乘的方式增长。假设这里的产品维度是产品大类，有20个产品大类，再加上30个行业内的公司机构，那么经过纵深和横向拓展之后，原先每月的1条记录即1条数据结果经过3个月就变成了54000条：

$$1 \times 30 \times 3 \times 20 \times 30 = 54000$$

尤其在联机环境下，我们构建多维模型的时候维度会更多，维度中包含的数据量也绝对不像上面列举的那么小，这些数量可能是成百上千甚至成千上万的，那么一旦以倍乘的形式扩展之后，数据量就会一下子剧增。可以得到的分析结果在数量上也非常庞大，在类型上也会非常丰富。而大数据本身就比联机分析技术更加先进，可以进行的即时数据匹配和推算能力也更强。当数据量成为海量时，这种联机分析所能够发挥的能力也会随之获得几何倍数级的增长。

数据立方体和联机分析说的是我们拥有这种交叉分析的能力和可能性，而大数据所具有的即时性、高速数据处理能力、相关数据抓取能力则为我们提供了数据子集之外的在线交叉分析的能力。所以，我们其实并不需要让自己的数据子集具备海量的数据，也并不需要像数据源头机构那样去实际拥有海量数据。当在线数据库达到一定数量时，即时抓取和匹配功能只需要以合适的数据模型和分析方式来配合，就可以在海量数据的基础和背景之下，帮助我们进行相关的数据推算，获得远超所拥有的数据库可以得到并完成的精准分析结果。

四、在用户隐私保护与数据使用当中找到平衡点

虽然在全媒体营销模型中，互动信息平台提供了一个海量数据生产、汇集的基础，大数据技术提供了对这些海量数据进行追踪、捕捉、挖掘和处理的条件。然而，数据信息挖掘与用户隐私保护之间的矛盾也日益凸显出来。在目前业界的实践中，大量诸如谷歌、百度、淘宝、亚马逊、Facebook、新浪微博这样的机构因为利用大数据开发、形成数据产品、进行精准营销的过程中侵犯用户隐私而受到诟病。也就是说，虽然数据来源极为丰富，获取这些数据的技术也已经很成熟，但是哪些数据可以被运用于营销之中、运用到哪个程度，这是我们需要进行明确的。虽然越来越多的国家开始应社会大众的要求出台相关隐私保护条例，但是大数据是一种不可阻挡的趋势与潮流，科学界与实业界也都有越来越高的呼声要求从政府层面进行数据开发和数据开放——现实生活中还没有非常好的解决两者矛盾的方法。如果我们继续将海量数据比喻为海洋，这无疑是非常庞大的资源，但是必须经过淡化处理才能让人类饮用。在数据海洋中，这种淡化也就相当于"合法地获取资源"。

所以我们并不会以此为理由否定全媒体营销中的大数据应用，而是希望能够通过尽量合法的方式获取并使用数据，在保护隐私与数据开发中找到平衡，这也是本营销模型建构的一个重要理念。上文我们已经说过，营销中的大数据特指与人类相关的行为数据，合法获得这些数据的途径主要有以下三种。

（一）从公共机构获取可公开的"强制性获得数据"

我们都知道，公共机构是天生的大数据拥有者。例如，公安系统、医疗系统、社会保险系统、教育系统、国家金融系统等，这些公共机构拥有海量的、真实的、可实名化匹配的数据，形成了巨大的数据资源。然而，我们也都知道，这些数据通常是不允许也不可能公开商用的。但是，通常这类机构也会在保护数据安全性的前提之下进行一些数据的披露，这些是可以被社会公开使用的数据。此外，随着大数据的发展，数据的开放性和可获取性

成为不可逆转的趋势，政府和相关机构也会逐渐加大数据开放与数据开发的力度。

（二）从商业机构获取"契约性获得数据"

从个人角度来看，公共机构的数据是强制性获得的，但是还有很多数据是利用契约的形式由个人主动提交的真实信息。例如，当个人消费者在进行房产交易和房屋租赁活动时，会主动向中介机构提供个人的相关信息，中介机构为其提供相应的服务，这就是一种契约行为。在这种契约行为中，个人是主动、自愿向商业机构提供信息与数据的，并且允许了这种数据的使用——需求方甚至很期待中介机构能够针对他们的需求提供恰当的营销与广告信息。

类似的例子还有很多，比如很多女性消费者会很乐意向化妆品销售机构提供自身的信息，成为品牌的会员，好让对方根据这些信息持续不断地为自己提供合适的产品推销信息。金融保险机构则在产品与服务提供之前的签约之中获取了消费者非常详细的信息，并且持续不断地通过金融保险产品追踪其消费、理财行为。在不透露这些用户真实的个人隐私资料的前提下，这些相关数据其实是可以公开或者进行交易的。比如，我们不能告诉其他人或相关机构王小姐的真实姓名、身份证号码、联系方式、家庭住址等数据资料，但是将可公开的数据进行整合之后，我们可以知道，25岁左右、在北京生活的女白领每个月大约有多少钱花费在化妆品的购买上。而且如果这些消费者允许的话，我们完全可以针对她们的生活轨迹，通过一定的渠道向她们推荐更多的化妆品信息，或者其他相关产品的资料。这些数据信息对于营销者来说当然是具备价值的。

所以，大数据的获取和使用并不一定与隐私侵犯相等同，我们完全具备合法获取这些数据的可能。

（三）自主获取与间接推算

当然，也有很多机构本身就是海量数据的拥有者，许多大型互联网机构都可以轻松地实现这一点。事实上，目前大部分对于使用大数据进行营销时侵犯受众隐私的批评也往往是针对这类机构而发的。对于这一问题，此类公司可以从以下两个角度进行规避。

1. 获得受众的数据使用许可

越来越多的互联网机构开始制订相关的隐私服务条款，在与用户进行接触之前，就已经向其征询数据信息使用的可能与否。事实上，当一家公司成为行业内的佼佼者时，大部分用户往往会选择牺牲一定的隐私空间来换取更好的服务，从这个角度来看，这其实也是一种商业契约的形成，不能构成侵权。

2. 根据相关数据推算进行的精准营销

即便所有受众对于自身的隐私信息保护都极为严格，所有人都选择了"反追踪"，相关机构仍然可以利用即时性数据结合大数据技术，进行相应的推算，获取理想的数据分析结果。

正因为大数据本身就具有强调规模、忽略精准的特性，而且善于利用各种相关关系来进行推测，所以我们完全可以将受众个人的面目模糊掉，从规模层面去统计某一个瞬间有多少用户停留在哪一个页面之上、正在使用哪项产品、正在为哪类产品付费……这些信息仍然是有效的，假使我们将这种即时信息结合在一起，并且不断积累，同样可以得到海量的数据。之后我们也可以将类似于此的各种相关数据进行交叉分析，得到意想不到的需求信息，并将之运用到实际的营销当中去。

其实我们可以不用将数据收集的目光聚焦到某一个具体的用户对象之上，由于每个用户都会属于某一类需求群体，具有相似的需求和相近的行为轨迹，因此营销者完全可以通过大规模非隐私的相关数据推算出这类人群的消费需求。那么，在此之后针对这些人群进行的营销，对于群体中的每个个体而言也都是个性化和精准化的。

所以，利用大数据进行的个性化、精准化营销并不一定与侵犯隐私相挂钩。如果我们因为对方能够准确预测我们的需求就认为是侵犯了用户的隐私，这是大可不必的，而且是一种严重的误解。

第三节　全媒体营销模型的基础架构及建构方法

我们的基本思路是结合数据库营销、全方位营销与整合营销的相关理念，通过互动信息平台和大数据技术构建营销数据库，以库的形式重新规划信息的"边界"，以库的方式弥补大数据对精准性和因果关系的弱化，以库的方法将群体需求与个人需求进行分类；同时，充分利用平台上的互动沟通方式验证需求信息，以实现精准的营销信息传播、保障营销的精准性。

在互动信息平台的架构层与功能层（相当于互动信息平台的基础架构）的基础之上，是平台的传播层（相当于互动信息平台中接入的网络、媒体和终端）。在这两个层次之上，则是互动信息平台的营销操作层，也是全媒体营销模型的核心，该层次体现的是营销的完整流程，并通过以下这些手段实现。

首先，由于各类企事业机构、消费者、营销传播机构、数据服务商、媒体等都在这个平台上活动，它们留下的各种痕迹即数据信息。营销者可以利用大数据技术对这些数据信息进行分类，展开数据挖掘并形成与营销需求相关的各类数据子集，然后通过交叉分析将这些信息进一步整合成不同的需求信息集群，营销者在这个过程中可以通过互动信息平台与消费者进行即时沟通，诱发他们的讨论与反馈，从而验证需求信息的准确性，之后按照最终确定的需求集群设计、生产、调整产品和服务，这样就完成了营销的前半部分工作，即把握需求。其次，通过与此前相类似的流程来制定最有效的营销信息传播策略，在信息发布、销售渠道选择等方面都做出更精准的选择，这就完成了营销的中间环节。最后，通过互动信息平台再次获取营销效果监测数据、消费者反馈数据，总结出营销效果，并对下一次营销活动做出相应的调整，完成后段环节。三个环节的连接形成了一次完整的营销活动。

由于平台基础架构、功能层及互动信息平台的构成要素分析、平台传播层及平台化的传播模式我们在此前已经做过描述，因此本节主要就平台营销操作层以及如何以"数据"为基础实现精准营销做详细论述。

一、互动信息平台上的两大数据信息来源

正如我们一直所说的，营销模型的有效性最重要的体现就是能够精准地把握需求，因此，全媒体营销模型构建的第一个重要步骤就是利用互动信息平台和大数据技术将消费者产生的各种数据和信息进行搜集和挖掘，也就是完成最初的需求信息捕获。但是，在事实上，想要获得精准的营销效果，我们往往还需要广泛地收集来自消费者以外的数据，比如媒体的数据、外围环境的数据等等。在全媒体营销模型当中，我们利用互动信息平台作为介质收集的数据可以根据数据来源分为基本的两大类。明确数据来源可以使之后的信息收集更加完善、更加准确。

（一）从数据收集者角度进行的分类

在前文我们曾经说过，进行营销活动的并不一定都是"企业"，也有可能是媒体机构、政府机构、平台运营商等等。虽然这些机构都可以利用互动信息平台进行营销数据的收集，但是显然，平台拥有者和一般使用者所能够把握的数据量、数据层级是有所不同的。因此，我们将基于平台之上的数据按照收集者的来源分为两大类，第一类是平台数据，即平台运营者所能够获取的数据；第二类是交互空间数据，即平台上交互空间设计参与者所能够获取的数据。

1. 平台数据

平台数据的收集者和所有者最为典型的一类代表是目前广电网和通信网的运营机构。

目前，广电网和通信网的运营机构凭借本身的网络所有权优势、用户数量优势已经建立起了庞大的信息平台，并且利用不断提升的数字技术、多样化的业务服务、产品服务、信息服务、营销服务等让自身的信息平台越来越多地体现出互动的特征。

在这样的过程当中，其信息平台之上也不断聚集、产生越来越多的数据，达到越来越高的数据量级。这些数据包括来自网络的数据、运营者的数据、平台参与者和合作者的数据以及用户数据等，相对来说，这部分数据是最为基础的，平台建设者和运营商无疑是互动信息平台数据的重要掌控者。

例如，广电网所构建的是家庭信息平台，主要收集的是以家庭用户为核心的海量数据；通信网所构建的是个人信息平台，主要收集的是以个人用户为核心的海量数据；这两大平台的运营者显然能够拥有比其他平台参与者、合作者、使用者多得多的数据。在其他平台之上，这种差别也同样明显。例如，互联网上，亚马逊所能够拥有的数据显然与其中某一个卖家所能掌握的数据有着天差地别。

2. 交互空间数据

交互空间数据主要是指非平台所有者在使用平台的过程中所能够收集到的数据，这类数据主要通过平台上的各种业务、服务、产品的发展和被使用而产生。

在互联网上，通过这种来源获取数据尤其常见。与依托于广电网、通信网之上所建立的信息平台不同的是，互联网这一信息平台是构筑在虚拟网络之上的，没有明确的所有权，所以更加开放和自由，在数据获取的竞争中，更多的是靠技术实力与市场竞争能力。

目前，这一信息平台上的海量数据主要集中在大型搜索引擎、门户网站、社交媒体、视频网站、电商网站这些细分行业的领军机构中。例如，以搜索引擎起步的谷歌与百度，电商网站中的亚马逊与淘宝，Facebook 和新浪微博这样的社交网站，YouTube 和优酷、土豆这样的视频网站等。

当然，通过与平台运营机构、大型交互空间设计机构的合作，其他平台参与者也同样可以进行海量数据的收集。在云计算和平台化的发展过程中，开放成为一个新的主题词，越来越多的数据所有者为了更好地进行数据开发、拓展业务、提升行业影响力，也在积极地进行数据开放，为更多的平台参与者获取海量数据信息提供了便利条件。在这些机构中，专业的数据服务商和数据研究机构是最为典型的代表，MediaV、易传媒、艾瑞、尼尔森等都已经形成了较为完整的数据收集和处理体系。

（二）从平台用户角度进行的数据分类

当人们接入各种各样的网络，在信息平台上进行各种各样的操作时，一切行为都会留下痕迹；当人们在这些网络平台上进行交流、沟通、获取信息、生产信息、传递信息时，所有内容都会被记录下来。这些痕迹、记录，其实全都是数据和信息，互动信息平台提供了一个让海量信息和数据汇集的可能。由于营销数据最终是为了了解用户的需求，因此，用户生成的数据显然具备更高的研究价值。无论是哪一类信息平台，其用户所产生的数据基本可以分为以下两大类。第一类是完全客观的数据，包括平台参与者的人口统计信息、参与者在平台上的行为数据。第二类是相对主观的数据，包括平台参与者自主生产的信息、参与者之间的交流信息等。

1.用户客观数据

用户的客观数据也包括两种，一种是用户的人口统计信息数据，另一种是用户在信息平台上的行为信息数据。

就人口统计数据来说，广电网通常在接入用户家庭时就会记录下家庭成员的基本信息，英国的家电厂商甚至会在消费者购买电视机时就登记详细信息并反馈给BBC。通信网则是在用户申请固定电话和移动电话号码时就留下基础信息数据资料，或者与硬件厂商合作，在消费者购机时进行一定的记录。互联网平台的用户则可以通过会员制登记、在线问卷调查等各种形式来记录其人口统计信息，甚至可以根据其行为模式、消费习惯等数据来推算出基本的人口统计信息。

在互动信息平台上的用户行为数据的记录同样也可以轻松实现。例如，数字电视的监测记录方式一般是机顶盒加遥控器。由于用户在观看数字电视时不得不使用遥控器进行相关的操作，因此机顶盒可以记录下用户 7×24 小时内在每一个时刻的每一个指令，再通过双向网络回传至运营商处。通信运营商则是通过手机、固定电话等终端来实现类似的行为监测。在互联网平台上，目前最为主流的行为数据采集是利用日志和Cookie来完成的。例如，用户通过浏览器接入互联网访问服务器，进行人机交互，各种行为都会在服务器上留下轨迹，形成日志文件。虽然这两种方式无法将数据与真实用户进行完美的匹配，精准性不如数字电视和通信运营商的监测方式，但是其优势是数据量庞大，而且开放程度最高，也最容易获取。

2.用户主观数据

这类数据同样也可以分为两种。第一种是非诱发性的，完全由平台用户自主生产的信息内容，包括用户对某件事物、某个人、某个产品、某项服务等的评论性信息；用户与用户之间的一些交流性信息；在公开论坛或留言板上的群体性发言等等。第二种是诱发性的信息，通常由具有营销传播需求的机构发起，通过提出特定的话题、发起特定的活动来引起目标用户的参与，从而获取相应的信息。例如，在线进行的各种调研与问答、在社交媒体上发起的话题讨论、组织的相关活动等都可以帮助获取用户被诱发而产生的主观反馈信息。

二、多样化的数据信息获取方法

在对互动信息平台上的数据信息来源做了大致的分类之后，我们基本了解了应当从哪些对象那里获得相关数据。接下来我们则需要考虑使用何种方法和手段来获取理想的数据信息，尤其是获取来自目标消费者的数据。事实上，传统营销体系中所使用的调研和洞察在互动信息平台上仍然可以实现，而且大数据技术和互动信息平台的结合，让这两种最为基本的数据获取方式得到了极大的提升和优化。

（一）低成本、大规模的普查式调研得以实现

凭借大数据技术以及互动信息平台所强调的海量端点的建构方式，我们已经可以在这样的平台上利用非常低廉的成本进行大规模的普查，以全部数据代替"抽样数据"。在这个方面，目前依托家庭信息平台和个人信息平台进行的用户需求信息普查性调研已经获得了非常好的实践效果。而且，由于这两大信息平台几乎是完全的实名制信息平台，因此其需求信息的调研是可以与实际用户相匹配的，进一步保障了数据的真实性。低成本、全样本、实名制，这三个要素共同构成了营销调研一直以来所希冀的理想状态，也进一步成为全媒体营销模型能够保证科学、有效的最重要的基础。

例如，依托各地数字电视运营商家庭信息平台的建设基础，尼尔森网联开发了一整套基于数字电视技术的海量样本收视测量解决方案，代表了未来第四代电视受众测量的新的发展方向，与传统电视受众调研相比，这套测量方法将收视率的测量样本提升为过去的十倍甚至更高，从而提供更准确、更安全的海量样本收视率数据。尼尔森网联海量样本收视测量方案的整体创新思路是采用新的测量技术，降低单个样本成本，从而在相同预算下大幅提升测量样本的数量，实现数据的准确与安全。同时，为了应对国内有线数字电视复杂的网络环境和网络条件，尼尔森网联开发了数字电视收视测量仪 Watchbox，用于海量样本收视率到人级别的收视监测，并建立实时传输、实时监控的数据回传渠道。通过这样的海量样本调查，在电视受众的收视情况调研方面，尼尔森网联已经可以帮助运营商了解观众的收视习惯以便合理选择、编排、调整节目以进一步吸引目标观众群，包括确定不同节目类型的收视比重、了解观众收看电视的时间、了解各频道观众的占有率、选择目标观众的

黄金时段、了解竞争频道和竞争栏目、分析节目收视走势、了解各观众群接触到节目的机会、了解各观众群的收视状况和忠诚度等等。

除了收视调查之外，家庭信息平台之上还运营着多种多样的业务，提供了大量的家庭消费机会。这种消费既包括电视节目内容的消费，也包括商品和服务的消费，因此我们也完全可以利用与尼尔森网联相类似的技术进行家庭信息平台之上的家庭用户需求调研。

（二）低成本、高精确性的消费者洞察完全可行

依靠"洞察"的方式来捕获消费者的需求带有较强的"偶然性"，大多需要靠经验来完成，因此无法大规模地推广和使用。然而，由于本书所试图构建的营销模型本身强调的就是一个"全媒体""网络化"的环境，同时将受众与营销者都放在了互动信息平台上，因此，在进行消费者洞察时相对来说就更加容易，更加精准。

同时，由于在互动信息平台上所进行的消费者洞察的成本更低，消费者的主动反馈能力更强、更加频繁，营销者能够收集到的可供参考的信息更加全面，所以在进行消费者洞察时也就更易于降低依靠"经验"判断的成分，进一步提升全媒体营销的可靠性与科学性。事实上，这种利用合适的方式和方法与消费者进行沟通，不断验证营销假设、营销推论正确性的做法，适用于全媒体营销的各个环节。需求信息判断的准确与否、营销传播策略制定的准确与否、定价与渠道铺设的合适与否等问题都可以通过这样的方式进行验证。

1. 将海量信息数据与真实反馈相结合

我们知道，消费者洞察需要借助消费者行为学与心理学的理论，因此也需要大量的数据。在以往的研究中，需要借助询问法、观察法和投射法，而这些方法大部分是在线下完成的，需要耗费大量的时间与精力。然而，在全媒体营销模型中，由于互动信息平台用户的所有行为和言论都可以被记录在平台上，所以就省去了繁琐的收集与整理的过程。与此同时，通过在平台上的诱发性行为，还可以更多地获取直接来自用户的反馈信息和行为，获得更为深入的信息数据。再者，由于很多数据已经可以实现与实名制用户的匹配，因此，结合这些用户的人口统计信息资料，就可以更好地进行洞察验证。

例如，当有线数字电视运营商已经知道其中一个家庭用户为三口之家，知道他们大致的年龄、性别和经济基础，结合他们所订购的电视内容业务就可以大致推测出他们的兴趣与爱好，知道其潜在需求。假如这个家庭中的孩子年龄较小，那么幼儿教育可能会成为这个家庭的需求点之一。为了验证这一需求，可以在数字电视平台的相关产品中就幼儿教育的某一新闻热点事件征询用户的看法和态度，并进一步扩展一些相关性的问题，从而充分地获取受众的反馈信息。同时，结合其他的客观信息，比如是否真的利用数字电视平台的

信息咨询业务来检索周边的幼儿教育服务或相关产品等，就可以完成此次洞察。此后，有线数字电视运营商可以整合这些数据提供给相关的幼儿服务机构或产品机构，向目标用户推送相应的营销信息，在互动中验证需求信息，并完成精准营销。

2. 大范围诱发用户参与话题及活动

除了可以将真实信息与反馈洞察相结合以提升洞察的精准性之外，全媒体营销模型在消费者洞察领域的另一大优势是可以大范围地诱发信息平台用户参与话题及活动，实现低成本的大范围洞察。尤其当我们选择构建社区信息平台时，由于受众本身即居住在同样的社区环境中，或者因为拥有共同的兴趣爱好而聚集，因此他们在某些领域的潜在需求也更容易趋于一致，消费者洞察也更加容易，准确度也会更高。比如，地缘性社区的受众可能会对周边衣食住行等基本生活条件拥有同样的需求；集群性社区的受众可能都会对某一类产品或服务更感兴趣。

此外，在互动信息平台上进行的消费者洞察只要方式方法得当，相对来说更容易获得消费者的反馈和参与，更容易吸引数量足够多的消费者参加。

三、构建并利用多样化的动态数据库

有了丰富、充分、正逐步走向开放的数据来源，也有了低成本、高精准度、可重复进行的、科学的数据获取方法，我们就可以建立起不同的动态数据库。大数据只是客体，本身并不能决定自己有用还是没用。有用或者没用，是相对于主体来说的，需要使用者去进行判断。大数据的取舍之道，就是把有意义的留下来，把无意义的去掉。只有了解在大数据中，你需要的是什么，以及如何判断这种需要，才能举一反三地明白到底为什么要去掉那些不需要的。所以，在我们完成了数据收集的第一步也就是数据的"取"之后，构建全媒体营销模型的第二步是建立营销数据库，对这些数据进行"舍"。当然，这种"舍"是建立在大数据基础之上的，也就是我们在前文所描述的动态数据库的理念。即基于互动信息平台收集而成的海量数据并不是为了建立某一个库，而是根据不同的数据类别和营销需要被划分为若干个数据库，再共同形成一个动态的数据云，全媒体营销模型进一步的数据挖掘就是在这个数据云中，对某一个或者某几个数据库的交叉综合运用。

在整个数据库的建立过程中，需要经历一个选择合适的数据库管理系统、整理数据、维护和更新数据库的过程。由于相关的技术已经较为成熟，因此，我们在此只重点讨论可能产生的、以内部数据内容作为划分类别的数据库的类型。

（一）互动信息平台用户基础信息数据库

我们在描述平台数据来源的分类时已经对来自平台用户的数据进行了基本的论述。在构建用户基础信息数据库时，分类方法也大致相同。根据三类互动信息平台的特征，我们

可以建立的用户基础信息数据库也将划分为以下三种基础类别。当然，按照我们在上一节中的观点，这部分信息由于涉及用户的隐私，所以我们需要在用户的许可下进行收集，也应当在隐私保护的范围内进行使用。事实上，这部分信息虽然有助于我们降低成本完成更加精准的营销匹配，但并不是决定我们营销成功与否的最关键因素。正如我们在此前所说的那样，即便不涉及用户的绝对隐私信息，以大数据技术为要素的营销仍然能够实现精准化与个性化。在此后的数据库运用中，我们也将秉持这样的理念，不再赘述。

1. 用户个人基础信息数据

在用户个人基础信息的数据整理上，基本可以参照常规人口统计信息的指标进行归类和整理。一般的人口统计资料数据包括性别、年龄、职业、教育程度、婚姻状况、工作、收入、所在城市等。与此同时，由于家庭信息平台与个人信息平台的特殊性，我们还可以通过这一平台了解到用户的真实姓名、身份证号、有效联络方式和具体住址等数据信息。通过整理这些信息，我们将有效地形成一个完善且真实的用户个人基础信息数据库。

2. 用户家庭基础信息数据

与个人基础信息数据相类似的是，基于互动信息平台的用户家庭基础信息数据也比传统调研方式获得的数据更加完善和丰富。尤其凭借广电有线网络建立起来的家庭信息平台因为一开始就伴随着入户信息收集这一行为，所以对于平台用户家庭的基础信息数据了解是非常有益的。这部分信息包括家庭人口构成情况、家庭收入情况、家庭收入来源、详细家庭住址、有效联络方式、家庭住房情况等。

3. 用户社区基础信息数据

正如我们将社区信息平台划分为虚拟社区平台和地缘性社区平台两类，在用户社区基础数据收集整理的过程当中，我们也将这些数据对应地分为了两类。针对虚拟社区，我们需要尽可能多地了解用户的社区主题、社区成员分类构成、社区信息沟通活跃程度、用户社区好友及社交关系网络等。针对地缘性社区，我们则需要收集用户所在社区的地理位置、人口数量、生活环境、公共设施情况等等。

用户基础数据库是整个全媒体营销模型数据库集群中最基础的组成部分，是其他数据的重要支撑，更是不同数据库之间数据计算与分析的关联基础。当我们圈定某一个平台用户时，通过对其个人、家庭、社区基础数据的了解，就可以大致描摹出这个用户的形象，并对其消费需求进行最基本的推断。这些基础数据信息将帮助营销者在之后的数据库综合运用中实现有效的交叉分析，提升全媒体营销模型的决策参考系数，提高营销效果的精准性。

（二）交互空间业务产品数据库

如果说用户基础信息数据库更加着眼于用户个人的数据，那么交互空间业务产品数据库则更偏向于收集平台自身的数据。所谓交互空间我们已经在之前的相关章节中做过说明，此处交互空间业务产品数据主要是指来自互动信息平台上的各项业务与产品的发展及被使用的数据信息，这些数据信息主要用于让营销者了解平台上的信息传播与流动情况、各交互业务与交互产品的发展情况，平台用户对这些交互业务与交互产品的使用情况。例如，在互联网平台上，某门户网站可以视为交互业务，网站内部的搜索、评论、垂直频道等可以被视为交互产品。在现有的技术条件下，此类数据基本都已经实现实时监测与获取。

1. 与平台运营发展相关的基础信息数据

我们需要从宏观层面了解平台的基本运营发展信息数据。例如，使用平台的用户数量、平台所提供的业务及产品数量、用户在平台上的消费、平台接入的终端类型及数量、平台运营过程中的参与机构类型及数量、平台中的业务成长情况等等。

如果以家庭信息平台为例的话，我们可以了解接入平台的家庭用户数量、入网电视机和机顶盒数量、用户每月的 arpu 值、各项业务的开展情况数据等。互联网平台内则可以了解当前的网民数量、移动互联网与桌面互联网的数量对比、当前互联网产品的使用比例、互联网的流量分布数据等等。

这些数据可以帮助营销者对互动信息平台的整体情况有一个大致的了解，看到平台上信息的流动方向和大致走势，帮助营销者选择合适的营销工具、传播介质，制定恰当的营销传播策略。

2. 交互业务、产品的成长和被使用的信息数据

当我们的视角具体到平台上的交互业务和交互产品时，同样也需要对这些业务及产品的成长数据、被使用数据进行收集和整理。在这个过程中，我们可以充分了解到它们在各个不同时段的流量数据、被使用数据、同类业务及产品的竞争数据、使用受众构成数据、广告与营销的相关数据等。

这些数据对于交互业务及产品的开发设计者来说，可以有助于提升自身的产品营销效果；对于平台运营者来说，可以作为制定今后的业务及产品筛选决策的参考；对营销传播机构以及广告主来说则可以更加准确地判断哪些交互业务及产品更受消费者的欢迎，更契合自身的营销策略，能够帮助他们更好地覆盖到目标受众。

3. 建立交互空间业务产品数据库的意义

在全媒体营销模型中，互动信息平台以及在这个平台上运行的交互空间业务和产品更多地扮演着"介质"的作用。这些业务和产品成为平台与用户之间连接的桥梁，吸引用户

加入平台上来，反过来用户人气的聚集又为平台吸引了更多的业务产品开发者以及其他平台参与机构，帮助平台不断成长壮大。所以，对平台以及交互空间业务、产品的数据信息搜集整理，可以帮助营销者更清楚地观察平台上的信息流动情况与趋势，帮助营销者进一步了解消费者，掌握他们的行为特征和习惯，从而更迅速、有效地实现接近消费者的目的。

（三）需求信息数据库

在全媒体营销的数据库中，需求信息数据库无疑是最为核心的一类。通过实时监测技术、可寻址技术以及各类营销调研与数据收集的方法，营销者可以获取消费者在互动信息平台上的各种行为数据，了解他们的日常消费需求、在线消费行为，了解他们的生活态度等数据。通过对这些数据的整理和分析，可以准确地掌握、预测他们的需求，从而提供相应的产品或服务去满足这些需求。我们可以将在需求信息数据库中的所有数据划分为基础的两大类：第一类是消费及行为数据，第二类是生活态度数据。

1. 为满足显在需求留下的相关消费行为数据

平台用户为了满足自身的显在需求会在平台的使用过程中留下各种各样的与消费行为相关的数据，这些行为既包括直接消费行为，如在线购物，也包括与消费相关的行为，如消费前的信息搜索和消费后的评价反馈等。这些数据涵盖了消费者生活的方方面面，如：耐用消费品、日用消费品、服务性产品、休闲活动、旅游等。根据这些数据，我们可以了解消费者正在进行的消费行为、已经产生的需求信息，也可以预测他们即将进行的消费行为和尚未明确的潜在需求。

这些数据是营销者进行消费市场规模计算、消费者行为研究和态度判断的基础和依据，每个行业的具体调查指标体系可根据行业特征确定，并根据需要不断细分。

2. 在潜在需求引导下产生的行为数据

消费者不可避免地会产生一些潜在的消费需求，这些需求可能被消费者所意识到，也可能根本不被他们自己所感知。但是无论如何，当这些潜在需求存在时，消费者必然会对与这些需求相关的一些信息和事物感兴趣、产生好感或者发表相关的评论等。这些信息数据对于营销者来说无疑也是非常有价值的，有助于他们完成"引领需求、创造需求"的营销目标。

3. 媒体接触及消费数据

通过对平台上产生的海量数据进行分析整理，我们还可以获得消费者的媒体接触及消费数据。一方面，互动信息平台本身即扮演着信息传递的媒体角色，数字化的电视、手机、互联网本身就以混媒的形式承担了媒体的任务，作为平台的接入终端可以汇集大量消费者的媒体使用及消费数据；另一方面，通过对平台用户各种信息数据的收集，我们也可以了解他们对平台之外的各类媒体的接触、使用及消费数据。

所以，这类数据包括了用户日常接触的媒体类型、习惯性接触的媒体、媒体内容偏好、广告接触行为等媒介接触数据，反映了用户媒介接触和广告接触的特征。同时还可以根据需要对数据进行分行业的细分，如电视、广播、报刊、网络以及各类新媒体。

4. 生活态度与生活方式的相关数据

当用户在互动信息平台上活动时，除了以上这些数据之外，还会留下其他相关的资料与信息，如他们的爱好、生活方式、生活习惯、生活理念、价值观、追求与理想等。通过对这些数据的收集整理，我们可以形成用户的生活态度数据库。这样的数据库有助于完整、生动地了解用户，在有必要时可以配合消费者洞察的进行，预测出用户的需求。

5. 建立需求信息数据库的意义

用户需求由方方面面的数据组合而成，不同的用户会产生不同的需求，也存在相同的需求。如果将这些需求信息重新打包、整合，就可以形成按需求分类的数据库集合，形成功能齐全的、即时的需求信息总汇，其背后是不同的用户和消费者。营销者就可以有目的地、精确地提供满足各种用户需求的信息，形成信息供给和需求之间的有效连通，以对应的产品和服务去满足这些需求。

利用这个数据库，各种产品和服务都可以根据明确的需求进行调整与生产，实现真正意义上的需求导向营销，而不再是盲目地推出产品和服务。

四、交叉利用动态数据库形成各种需求信息集群

从营销需求掌握的角度来看，在利用互动信息平台进行数据收集之后，还需要将各类相关数据进行分类、存储、整理，然后利用数据挖掘的工具对这些数据进行分析和加工，最终形成不同的需求信息集群，帮助营销者圈定不同的需求群体和目标消费者。这一步相当重要，决定着营销者是否能够离真实需求更近一步，对接下来制定具体的营销战略，也有着至关重要的作用。

也就是说，当我们建立了不同的数据库，或者对已有的数据库进行交叉分析、综合配比运用时，可以将来自不同类别消费者的相近需求或者来自同类消费者的相近需求形成不同的需求集群，营销者根据这些需求集群便可以因地制宜地进行产品和服务的设计、生产、调整，或者制定更加有效的营销传播策略。

例如，假设营销企业的主打产品是一款婴幼儿配方奶粉。我们通过对不同动态数据库的交叉匹配，找到具有此类产品消费需求的"妈妈族"，通过对用户基础信息的配对筛选，

我们就可以圈定出最佳的目标消费族群：其收入和消费能力与产品定价相匹配，其生活理念、生活态度与产品形象和理念相契合，她们可能生活在相同或相近的社区，可能在同一个工作场所中工作，或者同属于一个社交集合当中。

接下来，通过对这些集群消费者信息接触渠道的了解和分析、生活态度的数据挖掘，我们就可以把握她们日常生活的大致行为习惯和状态，知道她们会在哪些时间接触哪些媒体、喜爱怎样的产品形象与定位、更易于接受怎样的广告与营销信息。

综合这些信息，营销者就相当于掌握了一个立体化的需求信息集群。该婴幼儿配方奶粉企业不但可以根据目标消费者的需求进一步调整产品、设计包装、调整定价，还可以针对性地制定营销传播策略，更快、更准确地进入目标人群的产品选择视野。之后，根据需求信息集群选择合适的销售渠道，提供符合期望的服务，就能够更有效地提升产品成功销售的概率。

五、制定并执行营销传播策略

通过以上的一系列流程，营销者已经基本掌握了目标消费者的需求信息，之后便可以制定相应的营销传播策略并执行。在实际的营销操作中，最为重要的两大环节是媒介投放和铺货销售。前者决定了营销信息的精准发布，后者则直接关系着是否能够顺利实现从需求到购买的转化。在全媒体营销模型中，这两个环节也因为互动信息平台和大数据技术的帮助而有了更强有力的保障。

（一）大数据技术和互动信息平台保证了营销信息的精准投放

事实上，由于互动信息平台本身就是全媒体、数字化背景之下的一个信息传播工具，因此，一方面，平台运营者和开发者已经可以利用互动信息平台上的传播环境打造全新的广告与营销产品；另一方面，大数据技术的运用有效保障了营销投放的精准性，目前基于互联网的实时在线广告交易平台就是一个非常典型的代表。

1. 针对互动信息平台的全新广告产品

传播平台化的现实已经让不少媒体机构开始设计基于这一传播环境的新型广告与营销产品，以提供更加优质的广告与营销传播效果。

2. 实时的在线广告交易平台

传统营销传播在现实环境中所面临的一个瓶颈就在于，面对众多的广告格式、成千上万的网站，广告客户通常需要花费大量时间来规划管理其展示广告系列，并对广告的效果进行衡量和比较。这样的复杂程度让许多广告客户望而却步，不能放开手脚对这一领域进行投资。与此同时，整个网络上的网页浏览量却在一日千里地飞速增长，导致众多发布商的广告资源有高达40%～50%只能以与其价值不符的低廉价格出售，甚至完全不能售出。对于售出的广告空间，发布商还需要去管理数以千计的广告客户和广告系列，这同样是一项繁复棘手的工作。而全媒体营销模型中的互动信息平台以及大数据技术则可以给出这一问题的解决答案。在目前业界已有的探索中，有不少机构基于互联网建立起实时的在线广告交易平台，让广告的精准度、在线广告产品的销售情况都有了极大的提升。

（二）互动信息平台给营销者提供了在线服务与销售的可能

在全媒体营销模型中，互动信息平台的另一项重要优势就是提供了一个良好的在线服务与销售平台。

1. 满足消费者在线购物的需求

从做出购买决策到实际购买，这中间的过程是相当重要的。首先，许多消费者都认为自己所承受的时间压力是前所未有的，这种感觉被称为时间贫乏。这种时间贫乏感使得消费者对能够节省时间的营销创新特别关注。因此，营销者需要提供方便、快捷的购物方式，满足消费者希望节省时间的需求。其次，消费者的决策会受到很多主客观因素的影响，即便在做出购买决策之后，只要没有进行实际的购买，这一决策就有可能发生改变，所以如果能够尽量减少消费者从决策到购买之间的时间，这种改变发生的可能性就能相对降低。

2. 企业在线购物的探索已经相当成熟

虽然在线购物并不能完全解决以上这两种问题，但是我们不得不承认，这种营销方式在解决这样的问题方面仍然是相当行之有效的。当营销者通过互动信息平台向消费者传递营销信息，引起消费者注意，满足了消费者信息搜索的需求之后，如果能够让消费者实现即时购买，那么就更容易获得成功。目前，在家庭信息平台、个人信息平台以及互联网上，在线购物已经发展得相当成熟，人们可以利用电视机、电脑、手机等各类终端实现随时随地的在线交易。尤其在淘宝、亚马逊这样的在线交易平台影响下，企业打造在线商铺已经是非常轻松便捷的事情。

3. 互动性和精确性可促进在线销售

与一般的在线购物所不同的是，基于互动信息平台的在线销售是全媒体营销模型中营销执行的一个重要方法，并且有着前期需求数据、消费者数据的综合支撑。在线销售是为了配合全媒体营销模型的运用而产生的，是一种营销手段而非单纯的企业渠道铺设。

因此，配合全媒体营销模型进行的在线销售，其基础就是精准和互动，通过与平台用户之间的沟通、互动，了解其需求，确认其消费意愿，并加以引导，完成整个购买过程。

4. 帮助企业构建更加完善的物流体系

除了在线销售之外，全媒体营销模型中的互动信息平台还可以帮助企业构建更加完善的物流体系。依托家庭信息平台与个人信息平台，营销者可以将消费者的消费需求与其所在的地理位置信息相结合，在形成新的消费者数据库的同时，进行顾客关系的维系。利用这些数据信息，营销者可以为消费者提供送货上门的服务，完善自身的物流体系。

第四章 全媒体广告经营管理

第一节 全媒体广告概述

一、全媒体概述

（一）全媒体概念的定义

全媒体是在现代信息、通讯及网络技术的条件下，通过综合运用文字、声音、图像和视频等各种形式来展示传播内容，并融合报纸、杂志、广播、电视、网络、手机等传播媒介而形成的一种全新的传播形态与运作模式。这既是现代科技发展导致媒介形态变革的具体体现，也是各种传播媒介的深度融合与综合应用，更是传播模式彻底变革的最终结果。全媒体不仅通过提供多种类型、多种方式和多种层次的传播形态来满足受众的信息需求，使受众能够获得更及时、更丰富、更全面的媒体体验，而且突破了传统的单一的运作模式，向一个多元开放的传播系统和模式演进。可以想见，随着4G、5G和6G等网络系统的不断研发与推广应用，将会有更多、更好、更强的传播形态与运作模式出现，从而实现信息传播的跨越式发展。

（二）全媒体与新媒体的概念辨析

何谓新媒体？要回答这一问题，首先需要从媒体的概念说起。

据《新闻传播学大辞典》中的"媒体"条目解释，"泛指传播媒介机构。包括报社、杂志社、出版社、电视台、广播电台、电影制片厂、互联网站等。"另据"媒介"条目解释："使双方发生关系的人或物。……传播学中的媒介往往被称为传媒或媒体，指信息传播的载体，是携带和传递信息的一切形式。……现已成为各种传播工具的总称，包括电影、电视、广播、印刷品（图书、杂志、报纸），以及网络、手机等新媒体。"由此可见，媒体与媒介实为同义词，均指信息传播媒体和机构。

在人类社会的历史发展进程中，作为信息传播工具与载体的媒介形态，也在不断地发生深刻的变化。从最初的口头传播，到纸张的书写与印刷传播，再到通过电波与机电设备的电子传播等，都是在科技推动下发展变革的结果。于是，以报纸、杂志、广播、电视、网络、手机为代表的大众媒体便应运而生，成为人类生活的必需与信息交换的工具。由于报纸、杂志、广播、电视诞生的年代较早，故称为传统媒体。网络、手机、电子显示屏、车载电视、楼宇电视等因诞生年代较晚，故称为新媒体。这既是与传统媒体相对应的称谓，也是对传统媒体的凌空超越。

据《新闻传播学大辞典》中的"新媒体"条目解释，"以数字技术为支撑体系的媒体形态。又称新型媒体、新兴媒体。互联网被称为第四媒体，是指其继报刊、广播、电视之后新兴的又一媒体形态；手机被称为第五媒体。"由于现代传播技术的飞速发展，新的传播介质与终端不断涌现，造就出多样化的新媒介形态，包括互联网、手机、数字杂志、数字报纸、数字广播、数字电视、数字电影、移动电视、桌面视窗、触摸媒体等。与传统媒体相较而言，新媒体可以实现多媒体、多形态传播和超文本链接，具有传播与更新速度快、信息量大、内容丰富、检索便捷、互动性强与成本低廉等诸多优长，因而成为现代信息传播的新平台、新渠道与新途径。

根据上文对全媒体概念的定义可知，全媒体是在现代信息、通讯及网络技术的条件下，通过综合运用文字、声音、图像和视频等各种形式来展示传播内容，并融合报纸、杂志、广播、电视、网络、手机等传播媒介而形成的一种全新的传播形态与运作模式。全媒体既然是一种全新的传播形态，必然涵盖所有的传播形态，包括报纸、杂志、广播、电视、网络、手机等，是这些传播形态的集合与融合。以网络、手机为代表的新媒体，不仅是全媒体的组成部分，而且是最新、最强、最重要的组成部分。同时，全媒体还是一种媒介运作模式，新媒体就是这个模式中不可或缺的重要一环，对全媒体的运作方式有重要的影响和意义。

二、广告与全媒体广告

（一）广告的定义与分类

1. 广告的定义

虽然广告的定义五花八门，至今尚无统一的解释和说法，但基本包括以下要素：一是广告主，即做广告的人；二是广告信息，即广告的内容，包括商品、服务与观念等；三是广告对象，即观众、听众等信息受众；四是广告媒介，包括报纸、广播、电视、网络、手机与实物媒介等。此外，还包括策划、创意、制作、活动、费用及其效果等。无论任何一个定义的产生，通常需要涵盖以上一些基本要素，并加以简要概括即可。

根据上述内容，可以将广告的概念定义为：广告是广告主以付费的方式，通过各种传播媒介，向公众传递商品、劳务和观念的一种信息传播活动。作为以广告传播为研究对象的广告学，就是研究广告信息传播的要素、特点、过程和规律的一门科学。由于任何事物都是不断发展变化的，随着商品经济的发展与科技的进步，传播信息的方式和手段也日益多样化，故广告这一概念的内涵与外延也将处于不断变化之中。

2. 广告的分类

按照广告的定义，可以从不同的角度，或者依据不同的标准，将广告划分为不同的类型。一般而言，广告有广义和狭义之分。

广义的广告，包括商业广告和非商业广告。商业广告具有营利目的，用以推销产品、服务或观念等。非商业性广告是为了达到某种宣传目的，由慈善机构或非营利机构、政府部门、宗教团体、政治组织等出资制作的广告，具有非营利的性质特点，包括公益广告、政治广告、军事广告、征婚启事、寻人或寻物广告等。

狭义的广告，主要是指商业广告，或称经济广告。人们在日常生活中，通过各种媒体所看到、听到的广告，大部分都属于商业广告。这类广告一般由商家出资制作，通过各种媒体对商品、劳务和观念等进行宣传，主要目的是对消费者加以诱导，用以激发他们的购买欲望，进而产生购买行动，最终使广告主获得经济利益。商业广告从不同的角度，还可以分成以下几类：①按媒介形式的不同，可以划分为报纸广告、杂志广告、广播广告、电视广告、电影广告、网络广告、手机广告、户外广告、直邮广告和售点广告（Point of Purchase，POP）等类型。②按区域范围的不同，可以划分为国际性广告、全国性广告、区域性广告和地方性广告等。③按传播目的的不同，可以划分为商品广告、品牌广告、形象广告和观念广告等。④按目标受众的不同，可以划分为消费者广告和企业广告等。⑤按诉求方式的不同，可以划分为理性诉求广告和感性诉求广告等。

（二）全媒体广告的定义、构成与分类

1. 全媒体广告的定义

全媒体广告就是以文字、声音、图像、视频等多种传播形态，通过报刊、广播、电视、网络、手机、移动终端等大众媒介和实物媒介，以数字化、多媒体、全方位与立体化的整合方式，向社会公众传递信息的一种广告传播活动与运作模式。全媒体广告不是像报刊广告、广播广告、电视广告和手机广告那样以媒介形态来定义的，而是以广告发布的媒介为基础所进行的整合传播模式。

众所周知，媒介就是信息的载体。广告信息的传播必须借助于一定的媒介，否则就无法实现有效的传播。从广告媒介的发展历史来看，主要经历了口头媒介、文字媒介、印刷媒介和电子媒介等几个阶段，从中可以看出人类文化与科技的发展与进步。广告传播最初是通过口头媒介，借助于吆喝、叫卖、歌唱等形式，同时辅之以实物展示、音乐表演等手段，用以招徕客户，实现销售商品的目的。随着文字的产生与书写工具的出现，树叶、兽皮、龟甲、石片、竹简、木牍、缣帛、陶器、青铜铁器等逐渐成为书写载体，从而使得广告活动由口头传播变成为文字传播。尤其是我国东汉蔡伦改进造纸工艺，北宋毕昇发明印刷活字，这些科技成就对广告的发展起到了重要的促进作用，使广告从文字书写升华到印刷传播的新阶段。进入19世纪以后，随着电子技术产生重大突破，电话、广播、电视、电脑和手机相继出现，成为广告传播的新平台与新工具。由此可见，丰富多样、层出不穷的传播媒介，就是全媒体广告存在的基础和前提。没有各种各样的传播媒介作为载体，全媒体广告也就不存在了。

既然全媒体广告是通过多种媒体形式来实施的广告传播活动，那么究竟需要几种广告形式的组合才算是全媒体广告呢？是否必须将大众媒介、户外媒介和实物媒介等全部用上才行呢？而且，古代有没有全媒体广告呢？这几个问题是全媒体广告的基本问题，也是值得深究的问题。在广告传播活动中，若以广告媒介的使用数量作为标准，可以将广告简单地划分为单媒体广告、多媒体广告和全媒体广告三种类型。只使用一种媒介形式，即是单媒体广告；使用两种及其以上，即是多媒体广告；使用全部的广告媒介，即是全媒体广告。这几种广告类型的界定与划分，显然是毫无疑问的。然而，在广告传播实践中根本无法确定多媒体广告在使用媒体类型的上限，究竟使用几种广告形式才是多媒体广告，抑或是全媒体广告呢？也就是说，多媒体广告与全媒体广告在使用媒介形式的数量上是重合的，甚至是无法区别的，难以将多媒体广告与全媒体广告从媒介使用数量上严格区分开来。因此，为了学术研究与传播实践的方便，可以将多媒体广告与全媒体广告等同起来。凡使用两种及其以上的广告形式，即可以视为全媒体广告。

2.全媒体广告的构成

全媒体广告和其他各种广告形式一样，都是一种信息传播方式或传播活动。它是以广告主的名义，通过报刊、广播、网络、手机和移动终端等多种传播媒介，向社会公众发布商品、服务和其他信息，以便激起公众的购买欲望和行动，从而实现企业的销售利润，或者达到一定的宣传目的。根据广告学的一般原理可知，全媒体广告一般包括以下六个基本构成要素，即广告主、广告信息、广告媒介、目标受众、广告费用和广告效果。

（1）广告主

通常是指为了推销商品、提供信息和宣传观念，自行或者委托他人设计、制作、发布广告的企事业单位、社会组织或者个人等。

（2）广告信息

通常是指广告的主要内容，包括商品信息、服务信息和观念信息等。商品和服务是现代市场经济活动的物质基础，也是广告信息的基本要素。商品信息是广告中最主要的信息形态，一般包括产品的名称、型号、功能、产地、价格与维修等。服务信息包括各种非商品形式的服务性活动信息，如文艺、体育、休闲、旅游、餐饮及咨询服务等。观念信息是指广告所倡导的某种思想意识，或向受众传达的某种生产、生活方式与消费观念等。

（3）广告媒介

广告信息只有借助于一定的物质媒介和手段，才能传达到特定的受众之中，而通常充当广告信息传播中介物的就是大众传播媒介，包括报纸、杂志、广播、电视、网络、手机等。此外，传单、手册、海报、路牌、匾额、旗帜、灯箱、橱窗、显示屏和实物等，也可以成为传播广告信息最直接的载体。

（4）目标受众

这是广告发布者所希望达到的具体人群，也就是广告信息的接受者。目标受众既包括过去和现有的顾客，也包括未来潜在的顾客，或者能够影响他人的意见领袖，以及其他可能感兴趣的人群等。目标受众往往依据广告公司的市场调研来决定，通过细分市场来寻找符合自己品牌的消费者。

（5）广告费用

这是进行广告活动时所支付的全部费用，包括购买报刊、广播、电视、网站的版面或时间，设计制作各种文字、图案、声音和影像，以及开展广告发布活动的各项开支等。广告主在进行广告活动时，通常要编制广告预算，以便做好规划和节省费用，并以最小的开支来获取最佳的经济效益。

（6）广告效果

这是广告在促进信息传播方面所取得的实际效果，包括推销商品所取得的直接经济效益，对消费者产生影响的心理效益，以及其他的社会效益等。广告效果一般采用调查的方法，通过对广告前后消费者认知程度的比较而取得，并用以指导和修正广告活动。

3. 全媒体广告的分类

全媒体广告是通过报刊、广播、电视、网络、手机等大众媒介，以及路牌、招贴、海报、传单、灯箱、霓虹灯、显示屏和实物媒介等，向社会公众传递信息的一种整合传播模式。它并非是某种单一的、具体的广告形态，而是涵盖了各种各样的广告类型，是各种广告的有机组合与整合传播。要探索全媒体广告的理论体系与实践方法，首先必须对全媒体广告的构成要素进行细分，进而探讨各类广告的基本特征与实用功能，从而为全媒体广告在信息传播中的运用提供指导，达到预期的广告效果。

全媒体广告是一个大的概念，是各种广告类型的集合与整合，可以根据广告学的基本原理，对全媒体广告的构成类型进行明确分类，并按不同的标准划分出不同的类型。由于全媒体广告这一概念是由"全媒体＋广告"构成的，本身就属于媒体广告的性质，必须按照媒体划分的标准来进行分类，因而可以将全媒体广告划分为印刷媒介广告、电子媒介广告、户外媒介广告、直邮广告和售点广告等。其中，印刷媒介广告又称为平面媒体广告，是刊登或印制在报纸、杂志、海报、招贴、传单、宣传册和包装纸等媒介上的广告。电子媒介广告是通过电子技术与设备所发布的广告，包括广播、电视、电影、网络、电话和手机等媒介广告。户外媒介广告是在室外公共场所发布的广告，包括路牌、车身、墙体、旗帜、招牌、霓虹灯、飞行器等媒介广告。直邮广告是通过邮寄方式传播的广告，包括传单、宣传册、订购单、商品目录、产品信息等印刷品广告。售点广告又称直销现场广告，是通过橱窗陈列、实物展示、使用演示、模特表演、展板说明、吆喝叫卖等方式进行的广告传播活动。

虽然全媒体广告构成复杂，类型多样，并且各具特色，但并非每一种商品、服务和观念的推广，或者每一次广告传播活动都能够全部运用，而必须根据广告的目的、要求、经费、受众和环境等，适当进行选择和取舍，采取灵活机动的方法加以运用。此外，由于全媒体广告通常是以传播媒介来分类的，并在实践中以大众传媒所发布的广告居多，因而必须对大众传媒广告予以更多关注和探讨。

三、全媒体广告的基本特征

（一）媒介形态的整合性

无论是口头叫卖、实物展示、路牌、招牌、灯箱、招贴、传单等传统广告，还是报纸、杂志、广播、电视、手机等大众传媒广告，以及移动终端、车载电视、楼宇电视和户外显示屏等现代电子广告，都因为传播要素的单一性而受到诸多限制。即便是网络广告采用现代数字技术，具有图、文、声、像等多种信息传播功能，能够做到广告内容的丰富性与形式的多样性的完美融合，淋漓尽致地表现出产品功能和服务信息，有着传统广告所无法企及的优势，但同时也会存在内容与形式的相对单一性问题。要解决这些问题，必须实现媒介形态的有机整合，才能取得满意的传播效果。

媒介形态的整合性，是全媒体广告最基本、最重要的特征。由于全媒体广告集文字、图像、声音、视频等多种传播形态于一体，通过报刊、广播、电视、网络、手机和移动终端等多种媒体进行整合传播，既可以作用于受众的感觉器官，形成强化刺激的效果，也可以对受众产生心理刺激，使之产生强烈的购买欲望与观念认同，因而具有比任何一种媒介都强有力的巨大优势，有利于形成"1+1>2"的整体效果。目前，媒介整合已经从"多媒介"向"跨平台"转移，媒介平台与其他通信、购物、金融等平台进行整合，成为发挥多种功能、扮演多种角色的用户终端，从而使广告信息传播不断迈上新的台阶。

（二）信息内容的丰富性

随着人类社会全面步入信息化时代，经济与社会的发展已经由单一的技术拉动转向技术与内容的共同推动。越来越多的新技术、新媒体的出现，必然需要越来越多的内容供应来给予支持，于是"内容为王"日益成为媒体所追求的现实目标。

传统广告由于容易受时间、版面、渠道、受众等的限制，所发布的内容信息往往只能删繁就简，突出重点，因而很难满足各方面的需求。然而，在知识激增、信息爆炸的时代，必须拥有丰富的信息量、快捷的传播率和多样化的传播形态，才能在激烈的竞争中取胜。全媒体广告不仅具有传统的物媒、纸媒形态，而且还通过网络进行传播，而网络空间则具有无限的扩展性，可以记录、储存和加工海量信息，不会受任何时间与空间的限制，能够做得包罗万象，应有尽有。只要受众愿意了解，就可以通过链接的方式获取无穷无尽的信息。这种超大容量的信息发布，不是像传统媒体那样只限于某一地区或某一时段，而是能够让受众在任何时间、地点，都可以随意浏览到自己所需的信息。

（三）目标受众的广泛性

如何准确有效地选择受众，让广告信息直达目标客户，长期以来都是困扰广告界的重要难题。全媒体广告涵盖报纸、杂志、广播、电视、手机和户外媒体，目标受众具有相当的广泛性，既可以是喜欢阅读报刊、杂志的中老年人，也可以是喜欢看电视剧的家庭主妇，还可以是喜欢上网购物、看视频、打游戏的小青年，以及通过网络渠道读书学习的学生等。目标受众越多，就越能为全媒体广告传播提供更多的选择。

在全媒体的传播环境下，每一个广告接触者都可以成为潜在客户，因此可以根据广告的目标要求，有选择性地针对不同受众群体，实施点对点、一对多和多对一的有效传播，从而有利于取得良好的传播效果。例如，对于很多互联网企业而言，最关心的莫过于消费者最喜欢浏览什么网站，或者购买哪一类商品。商家可以利用相应的技术软件，进行大数据、云计算的分析与研判，最终锁定某地、某类和某群消费者，然后针对这些人群进行广告宣传，而不必为与此无关的人群支付费用。这样既经济又有效，可以一举多得。

（四）传播过程的交互性

从大众传媒发展的角度来看，广告主、媒体与受众之间的交流互动，在不同媒体方面是各不相同的，但又是不断增进与加强的，而且还必须如此。报纸、广播和电视广告基本没有交互性，而网络广告最重要的特征就是交互性。由于网络广告、手机广告等都是通过互联网传播，而且文字、音声、图像兼备，完全可以弥补传统媒体互动性不足的缺憾，进而使以此为基础的全媒体广告的交互功能陡增，成为真正的"活"广告。通过全媒体广告的交互功能，任何受众都可以将自己对产品与服务的要求与意愿等，通过网络、手机直接反馈给商家。商家也可以根据客户的要求生产、改进或销售产品，从而提高服务客户的质量与效果。

（五）广告效果的可测性

从传统广告的传播效果来看，大多具有间接性、延迟性和不可测性。也就是说，受众在接触广告信息后，很难立刻转化成购买行为，同时也很难知道到底有多少人接受了信息，并付诸行动。全媒体广告则完全不一样，具有较为直接的传播效果和影响力，同时也可对传播效果做出相应的预测。尤其是通过网络、手机等新媒体传播的广告，可以运用大数据和云计算的方法，准确统计出每条广告信息被多少用户看过，甚至还可以统计出这些用户浏览广告信息的时间和地理分布等。这不仅有助于广告主和广告商评估广告效果，而且还有助于强化对广告的运营与管理，帮助广告主制定和修正相应的营销策略，进而实现受众与商家之间的有效沟通，可以随时接受和反馈信息，并可以长期保留使用，做到广告的适时性与长期性相统一。

（六）成本费用的经济性

与传统的广告形态相比，全媒体广告的制作、发布与管理的费用相对比较低廉，具有一定的经济性和适用性。如果要设计制作报刊、广播、电视、网络和手机等各种单一广告，全部累加的费用一定非常昂贵，但制作全媒体广告则比较简单易行，在一台普通的电脑上即可完成操作，费用成本也不高，并可以投放到任何一种媒体上。全媒体广告的发布费用，总体上虽然比较昂贵，但如果按千人成本指标来分析，费用成本还是比较低廉的，而且一经发布就可以传遍世界的每一个角落，任何地方都可以听到和看到。因此，相对于优质高效的传播效果而言，其经济性也是显而易见的。

尽管全媒体广告具有明显的特点和优势，但也并非是十全十美的，也有一定的局限性和不足之处，关键是要看如何运用。广告主和发布者一定要根据实际需要，选择不同媒体之间的有机组合，使之相互补充，相得益彰，共同促进信息的有效传播。

第二节 全媒体广告经营

一、全媒体广告经营概述

（一）广告经营的含义

所谓广告经营管理，实质上包括经营与管理两个方面，包含两重含义：一方面它是企业为取得营销目标所进行的一种管理活动；另一方面它是政府为保证广告活动的有序化所进行的一种调节管理。也就是说，经营就是企业所从事的广告营销活动，而管理则是政府对经营活动的规范与引导。在现代广告发源地英美等国，经营管理的对等翻译词汇是"Management"或"Operations Management"，但在我国既被翻译成经营，也被翻译成管理，且以管理居多，于是诞生了经营与管理两大学术话语体系，这不能理解成对西方管理学的误读，而应该是对管理学研究的重大贡献与超越。

关于广告经营的含义，历来是众说纷纭，各种定义五花八门，莫衷一是。根据我国广告行业的发展实际，并参照诸多定义，现将广告经营的概念定义为：广告经营就是合法注册的广告公司与媒介，利用一定的资金、技术与专业优势，为广告主提供市场调研、创意策划、设计制作和媒体发布等服务事项，并获得经济效益与社会效益的活动与行为。

（二）全媒体广告经营的含义

由于全媒体广告既是各种广告形态的有机融合，又是多种媒体的运作模式，所以全媒体广告经营既符合一般广告经营的规律，但同时有其特殊性，需要从媒介融合的角度来考察其特点和界定其含义。全媒体广告经营的主体，必须是取得合法广告经营资格和经营范围的广告代理公司和广告媒体，以及发布广告的广告主。广告代理公司为广告主提供市场调研、确定广告目标、进行创意策划与设计制作服务，广告媒体提供发布渠道，以及效果反馈等。广告主作为服务对象，既要参与从创意、策划到设计、制作与发布的全过程，也要提供广告资金的预算与支付，因而也是重要的广告经营者。从媒体的角度来看，全媒体广告经营涵盖各种广告类型，包括报纸、杂志、广播、电视、网络、手机等大众传媒，以及路牌、招牌、海报、招贴、电子显示屏、霓虹灯等户外媒体，必须将各种媒体整合起来经营，设计统一的品牌形象，使用统一的广告口号，并根据营销目标进行统一投放。因此，全媒体广告经营必须根据其特殊性来进行概念界定。

根据全媒体广告的特点，并参照广告经营的定义，现将全媒体广告经营的概念定义为：全媒体广告经营就是合法注册的广告代理公司与各种传播媒介，利用一定的资金、技术与专业优势，为广告主提供市场调研、创意策划与设计制作，以及通过全媒体形式发布信息等服务，并获取经济效益与社会效益的活动与行为。全媒体广告经营集服务性、专业性、效益性于一体，经营机制灵活多样，运作过程力求创新。

二、全媒体广告经营的特点

（一）销售层次的复杂性

全媒体广告的经营活动，就是将广告信息、广告创意、广告作品与广告媒体等进行公开销售的活动，具有多方、多层、多次销售的复杂性。其中，第一次销售是广告主花钱向广告公司购买广告创意，或广告作品，或广告服务，即广告公司向广告主销售智力成果。第二次销售是广告公司向报纸、杂志、广播、电视、网络、手机和户外媒体等购买广告版面、播出时间与展示平台，即广告媒体向广告公司出售信息载体。第三次销售是传媒的发行、播出与展示，资讯从媒体手中销售到受众手中，即受众花钱买信息。于是，在广告主、广告公司、媒体与受众之间构成了一个信息圈与销售圈，从而使广告销售体现出一定的层次性与复杂性。

（二）信息服务的专业性

由于广告经营不是属于物质生产的第一、二产业，而是从事资讯传播的第三产业，即信息服务性行业，因而具有极强的专业性。尽管广告公司的市场准入门槛不高，很多人都在从事广告代理与营销工作，但这一行业却真正是知识密集、技术密集和人才密集的"三密"行业，在市场运作方面需要有很高的专业化水准。广告公司及其从业人员既要能够从事市场调研、客户分析与广告营销等方面的事务，也要能够提供广告创意、策划、制作和发布等方面的服务，必须要有专业化的运作手段作保障。否则，不仅广告的营销目标不能实现，就连广告代理公司、广告媒介的专业化水平也会受到质疑。

（三）追求效益的统一性

全媒体广告经营既是一种经济行为，也是一种社会行为，必须是经济效益与社会效益的有机结合，因而具有统一性。在广告市场运作的过程中，广告主、广告公司和广告媒介都是以经济效益为主要出发点，将利润的最大化作为追求的目标，但是并不意味着可以在广告市场活动中随心所欲和为所欲为。它们既要受到国家广告管理的法律、法规的制约，也要受到商业伦理道德的规范，还要受到公共舆论的监督。这就促使广告主和广告商在追求经济效益的同时，也要将追求社会效益当作重要目标，并尽量使两者做到和谐统一。

（四）运行机制的灵活性

全媒体广告的运行机制非常复杂，既有通行的广告代理制度，又有广告审查制度，还有用人制度、收费制度和信息反馈制度等。不同国家、地域的广告主、广告公司和媒体，通常会根据实际需要，选择一种或多种运营方式，从而使广告经营具有一定的自由度和灵活性。仅从用人机制来看，广告行业既是没有人才准入门槛的行业，也是人才流动性最强的行业，任何人无论学历高低都可以自主择业和自由流动，随时跳槽换岗。正是这种高流动性、低准入门槛造就了广告市场用人机制的灵活性。

（五）思维形式的创新性

创新是在市场上创造和产生新的客户价值的过程，是统率企业经营活动与营销工作的灵魂。要实现全媒体广告的经营创新，从根本上看就是要进行思维形式的创新。在全媒体广告经营的过程中，通过运用新的思维形式和方法来实施新产品、新渠道与新模式的策略，现已日益成为不少企业进行广告营销的新选择。

三、全媒体广告经营的作用

（一）加强产业信息沟通

在现代社会化大生产、大分工的前提下，商品经济越是发达，生产者与消费者之间的时间、空间距离就会不断加大。要填补企业、产品、服务与消费者之间的鸿沟，沟通生产与流通、生产与消费、流通与消费之间的联系，广告作为一种信息传播手段，在加强产业信息沟通方面发挥着重要的作用。广告公司、广告媒体与广告主通过广告经营的方式彼此联系起来，有利于传播产销信息，引导市场资源分配，促进技术改造与产业升级，从而提高服务质量，降低产销成本，促进商品销售，繁荣市场经济。

（二）帮助企业良性发展

目前，无论是生产与销售，还是产品与服务，都充满了激烈而残酷的竞争，谁能够抢占市场，就可以立于不败之地。生产企业与服务行业需要推销产品和服务，广告公司与媒体需要获取利益，这一切都离不开企业、广告公司与媒体的密切合作。通过广告营销的形式，既可以塑造企业形象，扩大品牌知名度和影响力，使之获得广大消费者的欢迎与认可，又可以增加企业销售利润，提高市场占有率，还可以激发企业的竞争活力，造就竞争的强势，推动企业走向良性化发展之路。

（三）保障传媒获取收益

在市场经济环境下，媒体所需要的各种资源由市场配置，广告收入就成了媒体保生存、求发展的经济支柱。假如没有广告收入来源，采编、制作、印刷、发行、播出就难以运作，设备购置、技术改造与薪酬发放就难以为继。媒体只有通过提高传媒产品的质量来吸引受众，进而吸引广告主，增加广告收入，然后再利用广告收入来优化传媒产品质量，走上良性循环之路。因此，开展广告经营有利于保障传媒收益，使广告经营优势转化为信息产品优势。

（四）促进社会经济增长

广告传播活动虽然不是第一产业，不能直接进行物质生产活动，但属于信息服务的第三产业，通过对商业信息的传播，可以起到整合市场、促进销售、引导消费、扩大产量等作用，促进整个社会物质财富的创造和增长。随着社会经济的不断发展，广告经营的市场规模将越来越大，生产总值将不断迈上新台阶，对促进新技术、新工艺、新产品的发展，促进社会经济的不断增长，将会产生更为直接、有力的作用和影响。

四、全媒体广告经营的原则

（一）非业务冲突原则

非业务冲突是指广告公司只为某一类产品的一个客户服务，不同时给互为竞争对手的客户制作广告，以防止出现"业务冲突"的局面。由于广告公司比较了解客户的生产、销售与新产品开发等情况，并在与客户的合作中建立了较好的信任关系，所以一般不再接受与该企业有着直接竞争关系的广告业务。从实践上看，美英等国广告公司在经营过程中大多避免出现"业务冲突"现象。我国广告公司只有逐渐与国外经营惯例、原则相适应，才能与国际广告接轨。

（二）诚实守信原则

诚信原则最初起源于罗马法，被称为民法中的"帝王条款"，成为社会治理、商业经营和个人生活的重要准则。在我国源远流长的传统文化中，同样将"仁义礼智信"视为为人处世的伦理道德。无论是广告主，还是广告商，都要讲究诚信经营原则。然而，在现实中却大量存在违反诚信原则的行为。一些不法企业与广告商相互勾结，将假冒伪劣产品冠以"省优""部优""国优"等子虚乌有的美名，滥用"正宗名牌""最低价""出口转内销"等华丽诱人的字眼，大肆发布各种各样的虚假信息，引诱消费者上当受骗，骗取不义之财。对于这种违法乱纪的广告经营行为，必须通过法律手段予以严厉打击。

（三）依法经营原则

依法经营是广告主、广告商生存发展的前提，也是在从事广告经营活动时所必须坚守的原则。我国先后制定了广告经营方面的法律法规，包括《广告法》《广告管理条例》，以及其他相关法律规范，如《民法典》《反不正当竞争法》《消费者权益保护法》等。尤其是《广告法》对广告主、广告公司和媒体的经营行为，都进行了具体而明确的规范与限定，所有广告经营者必须在法律规定的范围内活动，一定都要严格依法办事，诚实守法经营，决不能为了牟利而突破法律底线，从而招致舆论谴责与法律惩处。

（四）重视人才原则

广告行业属于知识型、智能型、技术型的行业，广告事务也不是简单、机械和重复性的操作，而是具有独立性、创新性、技能性的工作，需要依靠广告从业人员的智能与创造才能维持生存和发展。因此，高度重视创新性人才，就成为广告经营的唯一正确选择。

（五）特色定位原则

特色定位是指广告主、广告商通过分析市场中现有产品与服务的定位状况，努力发掘具有鲜明特色的产品与服务项目，并在市场上找到自己合适的位置，形成独特的品牌，并以此作为未来发展的长远战略目标。广告主和广告商要有高瞻远瞩的目光，深入市场开展调查研究，及时把握市场行情的变化，并根据自己的具体情况，坚持开展特色定位，注重发挥经营优势，以便获得较好的经济效益和社会效益。

五、全媒体广告经营的内容与程序

（一）全媒体广告经营的内容

全媒体广告的经营者，主要包括广告主、广告代理公司和广告媒体，以及个体经营户和合资、合营广告公司等。广告主发起广告提议，委托广告代理公司开展广告活动，并提供经费支持。广告代理公司以其专业技术和人才队伍，为广告主提供广告策划、市场调查、设计制作、代理和发布等综合服务。广告媒体如电视台、广播电台、报社、期刊社、文化与体育场馆等，利用本身拥有的媒介资源，从事广告发布事务。一些个体广告经营户、兼营广告单位和中外合资合营广告公司等，也可以从事广告经营业务。无论是企事业单位还是个人，都必须依照有关法律、法规的要求，依法进行申请登记，才能成为广告经营者。

在广告经营中，广告代理公司和媒体合称为广告商，而广告代理公司则是从事广告业务的主体。广告公司经营的内容非常丰富，包括向广告主介绍广告宣传的功能、作用和意义，提出各种广告营销的意见、建议和咨询，对企业、产品、品牌与服务开展市场调查、研究和预测，为广告主提供广告目标、计划、创意与策划的整体构思，对广告主进行企业统一形象及识别系统的包装设计，同时负责联系和与媒体沟通，提供媒体策略和广告实施方案。此外，还要在广告实施之后，对广告效果进行调查、检测与评估等。

在我国广告业的发展过程中，由于媒介长期处于中心和强势地位，故有"强媒介、弱公司"的说法。随着广告业向现代化的转型，确立广告代理制将日益成为广告业的发展方向和趋势。广告代理制是广告公司在经营中处于主体和核心地位，为广告主全面代理广告业务，向广告主提供市场调研、策划创意、设计制作、媒体发布以及其他促销手段的全面性服务。广告代理制按其功能和业务内容，通常划分为全面服务型、有限服务型和特定专业型等三种类型。全面服务型亦称营销导向型，涵盖从市场调查、计划确定、设计制作到媒介发布、信息反馈等全程服务，是广告代理业的主要类型。有限服务型亦称创作导向型，以设计制作广告为主要业务。特定专业型是指在特定广告领域的代理，也就是特别擅长某类商品广告，或某种媒体的广告业务。广告代理制既是广告业在历史发展过程中逐步成熟的运营体制，也是与国际惯例和通行机制接轨的必然选择，符合现代社会专业分工的原则，有利于最大限度地发挥广告主、广告公司与媒体的优长，促进广告产业的健康稳定发展。

（二）全媒体广告经营的程序

1. 广告承揽

广告承揽又称为"客户开发"和"客户公关"，是广告公司争取广告主以获得更多的广告业务的营销活动。对于广告公司而言，客户开发是广告公司生存与发展的基础，失去了客户也就失去了广告的生命线。因此，如何做好客户开发工作，就成了第一要务。广告公司首先要做到知己知彼，既要准确把握自己公司的经营特色和优势，也要熟悉和了解各种企事业单位，并据此开列一张适合自己企业的客户名单。然后，通过查阅企业名录、电话黄页、广告传单和产品包装，以及利用媒介资源和人际关系等，广泛收集各类企业、制造商、代理商的地址与电话。接着，分析客户名单与需求，优先考虑新进入市场或开发了新产品的企业，分派公关人员到企业中去开展活动。对有反馈、有意向的客户保持进一步接触，同时要想办法建立稳定的联系。

2. 制订预算方案

假如客户有意向与公司合作，就开始进入沟通交流阶段。在认真了解客户需求与意图的基础上，精心准备广告策划预案，合理筹划人员、时间和设备的调度，最终拟出一个有竞争力和说服力的预算方案。在这个方案中，特别要处理好广告创新与制作成本之间的关系。通常而言，成本花费与创意水平、设计制作、媒体投放等都有密切的关系。富有创意的广告往往需要较高的成本，而过低的预算又会降低创意的水平。这就需要全面了解和权衡客户的期望，仔细计算投入的成本，以及把握竞争对手的状况等，从而寻求最佳的创意与成本的结合点。在广告策划与预算方案编制好之后，就可以参与投标竞争了。

3. 广告市场调查

当广告策划与预算方案在竞标中获胜，并签署服务合同之后，接下来的事情就是开展市场调查和分析，主要工作包括以下五个方面：①消费者调查。调查内容涵盖三个部分：一是调查消费者的个人因素，包括年龄、性别、职业、收入、家庭状况、文化水平、宗教信仰等；二是调查消费者的消费心理，包括个人需求、购买动机与消费习惯，以及对产品与服务的反馈意见等；三是调查消费者作为传播对象的情况，包括传播环境、媒介意识、接受心理和审美观念等。②市场调查。主要是调查目前的市场环境与发展状况，包括地理环境、人口分布、资源优势、文化禁忌、政治法律影响、社会发展状况、经济繁荣程度、市场规模与容量等。③企业现状调查。调查所代理企业的发展现状，包括企业历史、职工数量、生产规模、工艺水平、新产品开发、经营成本与利润、社会影响与声誉等。④产品或服务调查。调查所代理的产品或服务情况，包括产品种类、质量水平、使用功能、制造技术与工艺，以及包装、运输、仓储、销售情况等。⑤竞争对手调查。调查所代理企业的竞争对手状况，包括产品质量、营销方式、广告投入数量、市场分割状况等。在市场调查完成之后，还要将调查情况进行分析研究，最终确立广告目标与定位。

4. 广告执行

在广告目标与定位确立之后，就进入实质性的广告执行阶段，主要包括广告的创意、策划、设计、制作等环节。首先，组建执行机构，设立创意总监，分派工作任务，实行分工协作。其次，由广告公司拟订广告策划书，将广告的创意原则、具体目标、设计构思、预算方案、执行时间、媒介策略和投放计划予以详细列出。再次，由广告公司邀请广告主与媒体进行会商，对广告策划书进行分析研讨，提出修改意见。复次，接洽相关媒介进行谈判，确定发布媒介、发布方式以及时间、地点等。最后，根据预定方案，实施媒介发布计划。广告执行是一个非常复杂的过程，其中可能会出现各种各样的问题，需要与各方面进行沟通与协商，必要时还得做出及时调整，以保证广告计划顺利进行。

5. 效果反馈

在广告计划实施之后，还要对执行情况和广告效果进行监控评估，并及时向广告主进行报告。对于全媒体广告而言，由于广告媒体的类型较多，广告执行的次数也较多，有必要对每一次执行效果进行评估。尤其要及时总结经验和成果，善于发现和分析问题，以便为不同时间、地点与媒体的操作，提供直接的参考与借鉴。

第三节　全媒体广告管理

一、全媒体广告管理概述

（一）管理与广告管理的含义

所谓管理，是指在特定的环境条件下，通过运用一定的资源、技术、策略与方法，进行有效的决策、计划、组织、领导、控制，以便达到既定组织目标的程序与过程。管理通常有广义和狭义两种理解，广义的管理是指运用科学的手段安排和组织社会活动，使其能够有序进行，对应的英文是 Administration 或 Regulation；狭义的管理是指为保证一个单位全部业务活动而实施的一系列计划、组织、协调、控制和决策的活动，对应的英文是 Manage 或 Run。

所谓广告管理，是指国家行政机关、广告行业协会和广告监督组织等，依照一定的法律、法规和政策，对广告行业和广告活动实施指导、监督、检查与控制，用以规范广告活动与行为，维护广告行业正常运行，使之朝着健康有序的方向发展。广告管理的内涵，通常有宏观管理和微观管理两种。宏观管理是指国家、社会对整个广告经营活动进行指导、控制和监督，微观管理是指广告行业内部的自我管理。一般而言，常见的广告管理主要是指宏观管理。

（二）全媒体广告管理的含义

根据全媒体广告传播的特点，并结合广告管理的内涵，可以将全媒体广告管理定义如下:所谓全媒体广告管理,是指国家行政机关、广告行业协会和广告行业内部等,依照一定的法律、法规和政策,对全媒体广告传播活动实施指导、监督、检查与控制,用以规范广告活动与行为,维护广告行业正常运行,使之朝着健康有序的方向发展。

任何一种管理活动,通常是由以下四个基本要素构成,即管理主体、管理客体、组织目的、组织环境或条件。管理主体是由谁管理,管理客体是管理谁,组织目的是为何管理,组织环境或条件是在什么情况下实施管理。对于全媒体广告而言,也是如此。在我国目前的广告管理体制中,实施广告管理的主体是国家工商行政部门和广告行业组织,被管理的客体是广告经营者和广告主,管理的目的是保证广告活动的健康有序进行,管理的环境或条件是在广告竞争日益激烈的情况下,取缔非法经营,打击虚假广告与欺骗行为。管理的内容是广告经营者和广告主所从事的广告宣传和广告经营活动,并进行组织、计划、控制、调节、监督和服务,由此构成广告行政管理和广告行业管理两大广告管理体系。

二、全媒体广告管理的功能与特点

(一)全媒体广告管理的功能

1. 促进有效决策

一般认为,决策是管理工作的本质,是为了实现一定的目的,对未来一定时期内有关活动的方向、内容及方式的选择或调整。实施全媒体广告的管理,有利于制定科学合理的管理目标,保障决策的科学性、准确性和有效性。

2. 制定科学计划

开展广告管理,有利于在调查研究的基础上,科学制定未来的广告计划与任务目标,以及实现计划与目标的方法、步骤与途径,为将来的管理工作提供全面、规范的指导。

3. 加强组织建设

通过广告管理,既可以促进管理机构的建立与建设,又有利于对管理人员进行选任、培训与考评,同时还可以充分调动管理人员的积极性,以保证组织活动的正常进行。

4. 强化监督控制

实施广告管理的过程,就是按法律、法规对广告活动进行监督与控制的过程,有利于及时发现问题与偏差,并加以修改与校正,使管理工作按部就班、保质保量地开展。

5. 推进改革创新

随着社会、经济与科技的发展变化,广告管理时刻都会遇到新情况、新问题,需要不断进行改革与创新。只有与时俱进，敢于改革创新，才能实现广告管理的功能和目标，推动广告管理的现代化与科学化发展。

（二）全媒体广告管理的特点

1. 明确的目的性

全媒体广告的管理特点，首先是具有明确的目的性与针对性。国家通过行政立法的手段与方式，对广告行业和广告活动进行规范管理，其出发点就是将广告行业视为国民经济的一项重要产业来进行指导和调控，使之适应国家经济形势发展的需要，促进广告产业健康有序和稳步发展。与此同时，以法律、法规来规范广告产业，有利于保护合法经营，取缔非法经营，查处违法广告，杜绝虚假广告，保护消费者的合法权益，保障市场经济的繁荣稳定。

2. 严格的规范性

法制是国家管理的根本所在，也是经济建设与社会发展的必然要求与结果。广告管理具有严格的规范性和强制性，任何单位和个人都不得违反，否则就会承担相应的后果。要实施有效的广告管理，既要通过立法手段，做到有法可依，有章可循，又要在实施管理的过程中严格执法，不徇私舞弊，做到执法必严，违法必究。只有严格依法办事，才能保障广告主、广告商与消费者的合法权益，保证广告行业的健康有序发展。

3. 复杂的系统性

由于广告管理涉及行政立法、行业自律和社会监督等多个层面，故具有复杂的系统性和综合性。从管理主体来看，既包括政府部门和行业组织，也包括监督机构与社会公众，主体类型多种多样，结构层次复杂多变。从管理内容来看，既包括企业、产品、品牌与服务等信息，也包括文案、造型、设计与发布等，包罗万象。因此，针对广告管理复杂的系统性，必须采取有效措施加以解决。

4. 过程的动态性

随着科技、经济与社会的迅猛发展，市场行情始终处于剧烈的变动之中，广告活动的内外部环境也在时刻发生变化。政府部门和管理机构在实施广告管理的过程中，通常是根据管理对象的发展变化情况，采取动态管理和实时监控的方法，动用各种行之有效的技术手段，及时调节各个环节和各种关系，从而保证管理活动不偏离预定的目标，朝着正确的方向发展。

三、全媒体广告的管理监督机构

世界各国通常都设有广告管理机构,实施对广告业务的监督管理工作,但由于国情的不同,管理机构及其职能也有很大的差异。我国广告监督管理机关是国务院工商行政管理部门和各地县级以上工商管理部门,负责行使对广告活动的监督管理职能。工商行政机关的监管权力,既是法定权利,也是法定义务。工商行政管理部门对广告业务的监督管理职能具体如下:

(一)立法与释法

国家市场监督管理总局负责全国广告监督管理的决策与指导,根据授权负责起草广告管理的法律、法规与单项规章,制订各类广告发布标准,同时负责解释广告法律、法规与规章。地方工商行政管理局依照立法程序和权限的有关规定,受地方立法机关和地方政府委托,负责起草和解释地方性广告管理法规。

(二)审批与核准

工商行政管理部门依照法律、法规,审查批准其他经济组织或个人从事广告活动的资格,核定广告经营范围,核发广告经营许可证。同时,审查各类临时性或特殊形式的广告活动的资格,核定广告经营范围,核发广告经营许可证。

(三)检查与监督

工商行政管理部门定期核查各类广告经营者、广告发布者的广告从业资格,经常性监督检查其广告活动是否符合国家法律、法规的要求,对经检查不合格的广告经营单位,依法停止其广告业务,从而起到有效监督的作用。

(四)查处与复议

各级工商行政管理局可以受理广大用户和消费者对违法广告的投诉,并可先行做出停止发布的行政决定。对广告违法案件行使立案检查和行政处罚权,情节严重、构成犯罪的移送司法机关处理。同时,依法承担对广告违法案件的行政复议职能,可根据案件事实及法律、法规做出维持、变更或撤销原处罚决定的复议决定。

(五)指导与服务

工商行政管理部门负责研究制定广告产业的政策、规划与实施,负责与广告经营者、发布者和广告主的沟通与协调，负责指导广告行业组织的交流与合作，对广告从业人员和消费者提供服务与指导。

对于全媒体广告的管理，除了隶属于政府部门的行政管理机构之外，还有全国和地方各级广告协会、消费者协会和其他社会组织，以及消费者个人等。目前，我国主要的广告行业组织有中国商务广告协会（CAAC）、中国广告协会（CAA）和中国广告主协会（CANA），以及各级地方广告协会等。这些组织都是经国家和地方民政部登记注册的非营利性社团组织，由具备一定资质条件的广告主、广告经营者、广告发布者、与广告业有关的企事业单位、社团法人等自愿组成，在工商行政管理部门的领导下，承担着指导、协调、服务、监督的基本职能。

四、全媒体广告管理的对象与规范

（一）对广告主的管理规范

广告主是广告活动的最初提出者、费用支付者和重要决策者，对广告活动的内容确定、计划安排、设计制作等都有绝对的自主权和影响力。要保证广告内容的真实性与合法性，杜绝虚假违法广告，首先应对广告主予以管理和监督。对广告主的管理规范主要有以下几点：①广告主必须提供营业执照，以及其他生产、经营资格的证明文件，并依法申请广告审查。②广告主必须提供确认广告内容真实性的证明文件，以及主管部门证明和授权证明等。③广告主所推销的商品或者服务，应在广告主的经营范围或者国家许可的范围内，不得超越许可范围。④广告主委托他人设计、制作、代理、发布广告，应当委托具有合法经营资格的广告经营者和发布者。⑤广告主与广告经营者、广告发布者之间在广告活动中应当依法订立书面合同，明确各方的权利义务。⑥广告主在广告中使用他人名义、形象的，应当事先取得他人的书面同意；使用无民事行为能力人、限制民事行为能力人的名义、形象的，应当事先取得其监护人的书面同意。⑦广告主发布烟、酒类广告，必须经广告管理机关同意。设置户外广告，必须在工商管理机构的监督下实施。⑧广告主应合理编制广告预算，不得把广告费用挪作他用。

（二）对广告经营者的管理规范

广告经营者是指广告代理公司，既是联系广告主与广告媒体的中间桥梁，也是广告活动的主体，对广告活动是否规范合法具有重要的影响。对广告经营者的管理规范主要有以下几点：①广告经营者必须按照有关法律规定，向工商行政管理机关申请办理审批登记手续。只有获准登记、注册，取得广告经营资格后，才能从事广告经营活动。否则，即视为非法经营，必将受到相应的惩处。②对专职从事广告业务的人员，实施《广告业务员证》制度。广告从业人员必须具备良好的职业道德，经营作风正派，并经过申请、培训和考核后，方可从事广告业务活动。③从事广告经营者，应当具有必要的专业技术人员、制作设备和工作场所，并建立、健全广告业务的承接登记、审核、档案管理制度。④广告经营者依据法律、行政法规查验有关证明文件，核实广告内容。对内容不实或者证明文件不全的广告，广告经营者不得提供设计、制作与代理服务。⑤广告经营者应当公布收费标准和收费办法，保证诚实经营，不得在广告活动中出现任何形式的不正当竞争行为。

（三）对广告发布者的管理规范

广告发布者主要是指广告媒介，包括报社、杂志社、广播电台、电视台、互联网站和户外广告经营者等。对广告发布者的管理规范主要有以下几点：①广告发布者必须向工商管理部门申请登记，取得广告经营资格，否则即为违法经营，必将受到相应惩处。②依照法律、行政法规，严格查验有关证明文件和核实广告内容。③建立、健全广告业务的承接登记、审核、档案管理制度，并依照广告审查员管理办法的规定，配备广告审查员，并建立相应的管理制度。④广告收费应当合理、公开，收费标准和收费办法应在物价和工商行政管理部门备案，并向社会进行公布。⑤新闻单位刊播广告，应当有明确的标志，向广告主、广告经营者提供的媒介覆盖率、收视率、发行量等资料应当真实、准确。⑥户外广告设置规划和管理办法，由当地县级以上地方人民政府组织广告监督管理、城市建设、环境保护、公安等有关部门制定。⑦利用大众传媒和其他媒介发布药品、医疗器械、农药、兽药等商品广告，以及法律、法规规定应当进行审查的其他广告，必须在发布前由行政主管部门进行审查。未经审查，不得发布。⑧广告内容中有中国国旗、国徽、国歌标志、国歌音响的，有违反我国法律、法规和损害民族尊严的，有反动、淫秽、迷信、荒诞内容的，弄虚作假、贬低同类产品和为卷烟做广告的，广告发布者不得刊播、设置和张贴。

（四）对户外广告的管理规范

户外广告是指利用建筑物外部、户外场地、空间等设置的展示牌、路牌、霓虹灯、电子显示屏、电子翻板装置、灯箱、模型、布幅、招牌与张贴广告，以及利用其他形式在户外设置、悬挂、张贴的广告。对户外广告的管理规范主要有以下几点：①从事经营户外广告的单位、组织或个人，应具有工商行政管理部门核发的营业执照，取得户外广告经营资格后，方可从事户外广告经营活动。②设置人向城市管理局提出户外广告设置申请，并提供书面申请、批准文件或登记证明，户外广告内容样稿、彩色效果图和亮化灯饰效果图、施工设计图，场地的所有权、使用权证明与协议，以及安全鉴定机构出具的安全证明等。③设置户外广告必须按登记的地点、时间、形式、规格等内容进行发布，广告设施应与周围环境相协调，做到牢固、安全、美观。④市政管理机构负责城市规划区范围内户外广告设置的监督管理工作，会同规划部门编制城市户外广告专项规划，并纳入城市总体规划，工商管理部门负责户外广告登记、内容审查及监督管理。⑤国家机关、教学单位主体建筑、城市标志性建筑及围墙，文物保护单位、名胜风景点绝对保护区、城市公共绿地及消防通道，电力、电信、交通标识、警示标志等市政公用设施立杆柱，交通护栏、城市桥梁、人行天桥、城市高架路、立交桥等快速通道出入口，公交车辆的前后部、车窗玻璃、车辆顶部，出租车顶灯，公交候车亭顶部等，不得设置户外广告。⑥设置户外广告不得危害公共安全、他人安全和建筑安全，不得影响交通和消防、疏散通道，不得使用反光材料等影响交通视线，影响他人生产、生活，影响相邻建（构）筑物通风、采光，影响建筑立面、轮廓线和建筑风貌，损害市容市貌和环境卫生，公共汽车等车身广告不得覆盖整个车体立面，以及不得发布烟草广告等。

（五）对广告收费的管理规范

广告收费管理是指广告管理机关会同物价、城建、公安等职能部门，依照广告管理法律、法规的有关规定，对广告经营者、广告发布设计者、制作、代理、发布等广告业务活动中的收费行为的合法性进行的管理。目前，对广告收费的管理规范主要有以下几点：①对广告设计制作费、广告发布者收费和对户外广告收费的管理，主要采用备案价格管理。广告经营者可以根据设计制作成本和自身声誉、服务质量、制作水平等制定收费标准，并上报工商管理与物价部门备案。②对广告业务代理费的管理，主要实行国家定价管理，其标准是法定和全国统一的，国内代理费为广告费的10%，对外商的代理费为广告费的15%。③对于报刊、广播、电视、网络等媒体广告发布者，可以根据自身的发行量、收听率、收视率和点击率，以及在全国的覆盖率和影响力，自行制定收费标准，然后上报当地工商行政管理和物价管理部门备案。④户外广告场地费、建筑物占用费的收费标准，由当地工商行政管理机关会同物价、城建部门，根据当地经济发展程度以及设置区域、场地、建筑物的位置好坏、人流量多少、是否在商业中心和闹市等因素共同协商制定，并报当地人民政府批准，任何单位或个人都不得自行设置标准和随意更改。

五、全媒体广告的行业自律

由于法律法规是从外部调整广告活动过程中的各种社会关系，无论如何严格、规范与完善，但总有无法企及的领域，故必须通过广告行业内部的自我管理，即行业自律来实现广告的道德责任与社会效益。所谓广告行业自律，亦称自我管理，是指广告业者通过章程、准则、规范等形式进行自我约束和管理，使自己的行为更符合国家法律、社会道德和职业道德的要求的一种制度体系。

广告行业自律是广告业发展到一定阶段的必然产物，也是目前世界上通行和有效的管理方式，对于提高广告行业自身的服务水平，维持广告活动的公序良俗，具有不可替代的作用。我国自20世纪80年代恢复广告业务以来，虽然各方面都取得了巨大的发展与进步，但由于我国处于社会主义初级阶段，商品经济和法制建设仍然很不完善，各种各样的虚假广告和商业欺诈行为时有发生，对市场经济秩序造成了极大的冲击，产生了极坏的影响。因此，加强广告法律法规建设，强化广告行业自律，具有非常迫切和极其重要的意义。20世纪90年代，中国广告协会制定了《广告行业自律规则》，对广告业所应遵循的基本原则与道德准则做出了相应的规定。此外，我国出台的《广告法》《广告管理暂行条例》《广告管理条例施行细则》等法律法规，也对广告行业自律进行了明确的规范，有利于建构广告业自我管理的伦理道德体系，进而促进广告产业的不断繁荣与发展。

对于全媒体广告经营而言，行业自律尤其有着特别重要的意义。由于全媒体广告涉及各种各样的广告形态，具有种类多样、受众面广、发布时间长、使用频次高和传播效果好等诸多特点，既涵盖广告主、经营者、发布者和行业组织，又贯穿于广告创意、策划、设计、制作与发布等过程之中，所以必须强化广告行业自律，加强广告伦理建设。一方面，广告主、广告经营者与发布者要有职业道德、社会公德、法制观念等内在修养，时刻自觉遵守自律章程、公约、守则等行为规范；另一方面，政府部门、管理机构和行业组织等要制定严格的法律法规，对广告主、广告经营者和发布者进行约束和管理。与此同时，社会公众和消费者要加强监督，对违法违规行为要及时举报和敢于斗争，并通过舆论谴责、批评教育和法律制裁等手段，对广告经营加以严格规范与依法管理。只有政府管理部门、广告从业人员、社会公众和消费者携手加强合作，借助职业道德、社会公德和社会舆论的力量来强化管理，使广告业者严格遵守法律法规，自觉践行行业自律规范，就一定能够促进全媒体广告经营的良性发展，推动广告产业与经济建设走向繁荣昌盛。

第五章　全媒体移动营销

第一节　移动广告营销

一、移动广告的概念与分类

移动广告是指基于无线通信技术，以移动设备为载体的一种广告形式，是移动营销的重要组成部分。

移动广告行业的主体参与者主要为广告主、移动媒体以及服务于两者的中间机构。在广告主端主要涉及移动广告的投放方式（即选择何种媒体进行投放、如何投放）、购买方式（即采用非程序化还是程序化的手段进行广告购买），在媒体端主要涉及移动广告的展现方式（即广告以何种形式展现、在何种设备上展现等）和计费方式，由此可将移动广告从不同的视角分为多种类别。目前，移动广告正处于快速发展阶段，广告的类型、展现形式、交互形式等都伴随着广告技术与移动设备的发展，正经历着不断地创新与变革。

根据不同的分类依据，移动广告可以被分成多种类别。如按广告形式分，移动广告可大致分为展示类与搜索类；按是否有激励，可分为激励广告与无激励广告；按移动媒体，可分为移动网页广告和应用内广告。

二、移动广告计费模式

（一）Cost Per Mille（CPM）

按每千次展示计价。CPM适用于新产品暴露的场景，适合在产品生命周期早期采用，是CPT（Cost Per Time）和CPD（Cost Per Day）方式的演化，广告形式如轮播等。

（二）Cost Per View（CPV）

按观看计费。这种计费模式适用于视频广告。广告主仅为完整看完广告视频的用户付费。在移动端，这种方式较有可能受到视频加载错误、缓冲失败的影响。

（三）Cost Per Click（CPC）

按点击计价。易于被广告主接受，适用于测试不同流量来源的点击率情况。与 CPM 的计费方式可相互转化。CPM=CTR（点击率）× CPC × 1000。

（四）Cost Per Install（CPI）

按实际安装计价。主要被用于应用推广，是前期获取用户的有效方式。在没有激励的情况下，下载率难以保证。但在激励条件下获得的用户，忠诚度难以评估。

（五）Cost Per Action（CPA）

按行为计价。行为可以是注册、提交表单等，类似的计费方式有 CPE（Cost Per Engagement，即按互动计价，互动可以是转发、加关注等）、CPS（Cost Per Sales，按销售量计费），这是获得高质量、忠诚用户的较好方式。

三、移动广告可呈现展现形态与交互形式的多样化组合

移动广告的不同展现形式与计费模式相互组合形成了多种不同的广告产品与服务。同时由于对移动终端感应器、GPS 定位等技术的应用，移动广告在不同的展现形式下又能具备多种交互形式，如电话直拨、预约登记、优惠券下载、地图导航、重力感应、SNS 分享、应用下载、视频播放、音乐播放、摇一摇/吹一吹/刮一刮、增强现实等。移动广告的展现形式与交互形式相互组合可形成多种广告产品与体验，这一方面说明不同的展现形态能呈现不同的广告创意，给广告主带来更多丰富的选择；另一方面，移动广告形式的多样化也说明行业仍处于发展阶段，远未达到成熟。相对成熟的横幅广告、积分墙广告面临着形态的创新与变化，新颖的广告形态还未得到广告主的认可与大量使用。移动广告行业的产品形态标准未确立，使得行业市场规模化增长难度增大。

四、发展趋势

（一）移动广告受众的增加为行业持续发展提供保障

移动网民持续增加，移动网民在移动端花费时间的增多，从根本上保证了移动流量的快速增长，广告需求的增加为移动广告行业的持续发展提供保障。

（二）广告主对移动广告的认知提升，广告投放向移动端转移

广告主，特别是有品牌类需求的广告主对移动广告的认知不断提升，广告预算向移动倾斜将促进移动广告领域的进一步繁荣。

（三）互联网巨头大幅进入与布局，推升行业发展的速度

百度与阿里都对其移动广告产品进行了界定，面向各自的广告主群体，提出了围绕自身核心业务的移动广告解决方案。百度移动搜索营收规模的提升、移动联盟产品的流量价值提升、轻应用和LBS产品的商业化路径、阿里的无线淘宝直通车在电商垂直搜索的发展，电商墙等其他产品的吸金能力等都引人遐想。尽管巨头对行业影响的悬念很多，但可以确定的是移动行业更多参与者的进入与发展将推升行业的发展速度。

（四）第三方移动广告服务商业务调整与聚焦

伴随着第三方移动广告服务商对行业发展的理解日趋深刻，其在业务领域将呈现调整与聚焦。他们将审时度势，对自身业务做出必要的调整，将更多的精力投放在自身的优势产品和服务上，并力争在市场上提供差异化的服务，在各自领域占有一定的地位和影响力。

（五）移动广告价格将进一步提升

随着移动互联网的发展，广告模式和用户付费模式一直进行着力量的角逐。移动端用户付费模式可能被进一步激化和增强。而在头部移动媒体的数量依然有限的情况下，尽管移动网民增多将提升移动端整体流量的增加，但广告模式的弱化，可能使得流量在一定程度上变得稀缺。同时随着广告主的进入，对流量的竞争将变得激烈。移动广告价格的提升在所难免。

（六）广告产品形态的创新与演进

移动广告产品形态仍将继续演进与变化，横幅广告可能受创意限制，逐渐不被广告主采纳，插屏、全屏和视频广告将有较大幅度增长，墙类广告将有一定变化与创新。社交媒体广告的提量与增长等，以及伴随着移动程序化购买的技术推进，将使移动广告行业呈现高效、多样、格局各异、百花齐放的发展势头。

第二节　微博营销

一、含义

微博营销是指通过微博平台为商家、个人等创造价值而执行的一种营销方式，也是指

商家或个人通过微博平台发现并满足用户的各类需求的商业行为方式。微博营销以微博作为营销平台，每一个听众（粉丝）都是潜在的营销对象，企业利用更新自己的微型博客向网友传播企业信息、产品信息，树立良好的企业形象和产品形象。每天更新内容就可以跟大家交流互动，或者发布大家感兴趣的话题，以此来达到营销的目的，这样的方式就是新兴推出的微博营销。

该营销方式注重价值的传递、内容的互动、系统的布局、准确的定位，微博的火热发展也使得其营销效果尤为显著。微博营销涉及的范围包括认证、有效粉丝、朋友、话题、名博、开放平台、整体运营等。

二、特点

（一）成本

发布门槛低，成本远小于广告，效果却不差。140个字发布信息，远比博客发布容易，对于同样效果的广告则更加经济。与传统的大众媒体（报纸，流媒体，电视等）相比受众同样广泛，前期一次投入，后期维护成本低廉。

（二）传播范围

传播效果好，速度快，覆盖广。微博信息支持各种平台，包括手机、平板等移动媒介和电脑及其他传统媒体。同时传播方式多样性，转发非常方便。利用名人效应能够使事件的传播量呈几何级放大。

（三）效果

针对性强，有效利用后期维护及反馈。微博营销是投资少见效快的一种新型的网络营销模式，其营销方式和模式可以在短期内获得最大的收益。

（四）手段使用上——多样化，人性化

从技术上，微博营销可以同时方便地利用文字、图片、视频等多种展现形式。从人性化角度上，企业品牌的微博本身就可以将自己拟人化，更具亲和力。

（五）开放性

微博几乎是什么话题都可以进行探讨，而且没有什么拘束的，微博就是要最大化地开

放给客户。

（六）互动性

在微博上面，明星可以和粉丝们互动，微博其实就是在拉近距离，及时获得对方或者客户的反馈。

（七）即时性

微博最显著的特征之一就是其传播迅速。一条微博在触发微博引爆点后短时间内互动性转发就可以抵达微博世界的每一个角落，达到短时间内最多的目击人数。

（八）便捷性

信息发布便捷。一条微博，最多 140 个字，只需要简单的构思，就可以完成一条信息的发布。这点比博客要方便得多。毕竟构思一篇好博文，需要花费很多的时间与精力。

三、主要形式

（一）借助微博平台的营销活动

通过微博平台投放硬性广告，如网页横幅广告、推荐类广告、热门话题榜、基于搜索引擎的关联类广告等；或相对隐蔽地植入传播，如模板植入、App 植入、微博链接植入等。这种方式主要是利用微博平台庞大的用户群体和强大的精准掌控能力，实现其良好的营销传播效果。

（二）企业或品牌官方微博传播

开通官方微博，在微博上展示自己的产品、品牌，这是最为简单、基础、直接的营销方式，同时又具营销传播系统性和深入性的操作方法。

（三）第三方个人微博传播

微博圈中不乏拥有庞大粉丝团的草根微博红人、明星、名人或行业专家等，他们在特定领域掌握着强大话语权，时刻在潜意识中影响着数以万计的围观群众，通过他们的一个微博就可能产生巨大的蝴蝶效应。因此，借力微博圈中的意见领袖是企业实现微博营销的主要方式之一。

四、技巧

（一）注重价值的传递

企业博客经营者首先要改变观念——企业微博的"索取"与"给予"之分，企业微博是一个给予平台。微博数量以亿计算，只有那些能对浏览者创造价值的微博自身才有价值，此时企业微博才可能达到期望的商业目的。企业只有认清了这个因果关系，才可能从企业微博中受益。

（二）注重微博个性化

微博的特点是"关系""互动"，因此，虽然是企业微博，但也切忌仅是一个官方发布消息的窗口那种冷冰冰的模式。要给人感觉像一个人，有感情，有思考，有回应，有自己的特点与个性。

一个浏览者觉得你的微博和其他微博差不多，或是别的微博可以替代你，都是不成功的。这和品牌与商品的定位一样，必须塑造个性。这样的微博具有很高的黏性，可以持续积累粉丝与专注，因为此时的你有了不可替代性与独特的魅力。

（三）注重发布的连续性

微博就像一本随时更新的电子杂志，要注重定时、定量、定向发布内容，让大家养成观看习惯。当其登录微博后，能够想着看看你的微博有什么新动态，这无疑是成功的最高境界，虽很难达到，但我们需要尽可能出现在他们面前，先成为他们思想中的一个习惯。

（四）注重互动性加强

微博的魅力在于互动，拥有一群不说话的粉丝是很危险的，因为他们慢慢会变成不看你内容的粉丝，最后更可能是离开。因此，互动性是使微博持续发展的关键。第一个应该注意的问题就是，企业宣传信息不能超过微博信息的10%，最佳比例是3%~5%。更多的信息应该融入粉丝感兴趣的内容之中。

"活动内容+奖品+关注（转发/评论）"的活动形式一直是微博互动的主要方式，但实质上奖品比你那个企业所想宣传的内容更吸引粉丝的眼球，相较赠送奖品，你的微博能认真回复留言，用心感受粉丝的思想，才能换取情感的认同。如果情感与"利益"（奖品）共存，那就更完美了。

（五）注重系统性布局

任何一个营销活动，想要取得持续而巨大的成功，都不能脱离了系统性，单纯当作一个点子来运作，很难持续取得成功。微博营销虽然看起来很简单，对大多企业来说效果也很有限，从而被很多企业当作可有可无的网络营销小玩意儿。其实，微博这种全新形态的互动形式，它的潜力又有多少人能看清，发挥出的作用很小的原因是你本身投入的精力与重视程度本就不高。

企业想要微博发挥更大的效果就要将其纳入整体营销规划中来，这样微博才有机会发挥更多的作用。

（六）注重准确的定位

微博粉丝众多当然是好事儿，但是，对于企业微博来说，粉丝质量更重要。因为企业微博最终的商业价值，或许就需要这些有价值的粉丝。这涉及微博定位的问题，很多企业抱怨：粉丝人数都过万了，可转载、留言的人很少，宣传效果不明显。这其中一个很重要的原因就是定位不准确。假设自己为玩具行业，那么就围绕一些产品目标顾客关注的相关信息来发布，吸引目标顾客的关注，而非是只考虑吸引眼球，导致吸引来的都不是潜在消费群体。在起步阶段很多企业博客陷入这个误区当中，完全以吸引大量粉丝为目的，却忽视了粉丝是否是目标消费群体这个重要问题。

（七）企业微博专业化

企业微博定位专一很重要，但是专业更重要。同场竞技，只有专业才可能超越对手，持续吸引关注目光，专业是一个企业微博重要的竞争力指标。

微博不是企业的装饰品，如果不能做到专业，只是流于平庸，倒不如不去建设企业微博，因为，作为一个"零距离"接触的交流平台，负面的信息与不良的用户体验很容易迅速传播开，并为企业带来不利的影响。

（八）注重控制的有效性

微博不会飞，但是速度却快得惊人，当极高的传播速度结合传递规模，所创造出惊人的力量有可能是正面的，也可能是负面的。因此，必须有效管控企业微博这把双刃剑。

（九）注重方法与技巧

很多人把微博定位成朋友圈，然后发随笔、唠嗑。的确如此，但是对于一个企业微博来说，就不能如此。企业不是明星大牌，也不是普通百姓，企业开设微博不是为了消遣娱乐，创造企业的价值是己任。

想把企业微博变得有声有色，持续发展，单纯在内容上传递价值还不够，必须讲求一些技巧与方法。比如，微博话题的设定，表达方法就很重要。如果你的博文是提问性的，或是带有悬念的，引导粉丝思考与参与，那么浏览和回复的人自然就多，也容易给人留下印象。反之带来新闻稿一样的博文，会让粉丝想参与都无从下手。

第三节　微信营销

微信营销是网络经济时代企业或个人营销模式的一种，是伴随着微信的火热而兴起的一种网络营销方式。微信不存在距离的限制，用户注册微信后，可与周围同样注册的"朋友"形成一种联系，订阅自己所需的信息，商家通过提供用户需要的信息，推广自己的产品，从而实现点对点的营销。

微信营销主要体现在以安卓系统、苹果系统的手机或者平板电脑中的移动客户端进行的区域定位营销。商家通过微信公众平台，结合转介率微信会员管理系统展示商家微官网、微会员、微推送、微支付、微活动，已经形成了一种主流的线上线下微信互动营销方式。

一、含义

微信营销，一个新型的互联网方式应运而生，并且不少的企业和个人都从中尝到了不少的甜头，发展前景也非常值得期待，那么相对于一些传统的互联网，微信营销又有着哪些优势呢。

微信的信息交流的互动性更加突出，虽然前些年火热的博客营销也有和粉丝的互动，但是并不及时，除非你能天天守在电脑面前，而微信就不一样了，微信具有很强的互动及时性，无论在哪里，只要带着手机，就能够很轻松同未来客户进行很好的互动。

能够获取更加真实的客户群，博客的粉丝中存在着太多的无关粉丝，并不能够真真实实地带来几个客户，但是微信就不一样了，微信的用户却一定是真实的、私密的、有价值的。

很多企业把微信当作移动微博，总是一味地在向客户传达信息，而没有认真关注客户的反馈。有互动功能的，也只是在微信后台设置好一些快捷回复的方案，但这种缺乏人性化的沟通方式，极大地损害了用户体验，就如同风靡一时的电子宠物无法长久流行的原因一样。当客户的咨询无法得到满意回复后，他们唯一的选择就是取消关注。而人工微信客服的核心优势，就在于实现了人与人的实时沟通，此时客户所面对的是一个个专业、服务质量优秀的客服人员，对于客户的咨询可以给出满意的回复。

二、特点

（一）点对点精准营销

微信拥有庞大的用户群，借助移动终端、天然的社交和位置定位等优势，每个信息都是可以推送的，能够让每个个体都有机会接收到这个信息，继而帮助商家实现点对点精准化营销。

（二）形式灵活多样漂流瓶

用户可以发布语音或者文字然后投入大海中，如果有其他用户"捞"到则可以展开对话，如招商银行的"爱心漂流瓶"用户互动活动就是个典型案例。

（三）位置签名

商家可以利用"用户签名档"这个免费的广告位为自己做宣传，附近的微信用户就能看到商家的信息，如：饿的神、K5便利店等就采用了微信签名档的营销方式。

（四）二维码

用户可以通过扫描识别二维码身份来添加朋友、关注企业账号；企业则可以设定自己品牌的二维码，用折扣和优惠来吸引用户关注，开拓O2O的营销模式。

（五）开放平台

通过微信开放平台，应用开发者可以接入第三方应用，还可以将应用的LOGO放入微信附件栏，使用户可以方便地在会话中调用第三方应用进行内容选择与分享。如，美丽说的用户可以将自己在美丽说中的内容分享到微信中，可以使一件美丽说的商品得到不断的传播，进而实现口碑营销。

（六）公众平台

在微信公众平台上，每个人都可以用一个QQ号码，打造自己的微信公众账号，并在微信平台上实现和特定群体的文字、图片、语音的全方位沟通和互动。

（七）强关系的机遇

微信的点对点产品形态注定了其能够通过互动的形式将普通关系发展成强关系，从而产生更大的价值。通过互动的形式与用户建立联系，互动就是聊天，可以解答疑惑、可以讲故事甚至可以"卖萌"，用一切形式让企业与消费者形成朋友的关系。

三、运作

（一）模式分析

1.草根广告式——查看附近的人

产品描述：微信中基于 LBS 的功能插件"查看附近的人"便可以使更多陌生人看到这种强制性广告。

功能模式：用户点击"查看附近的人"后，可以根据自己的地理位置查找到周围的微信用户。在这些附近的微信用户中，除了显示用户姓名等基本信息外，还会显示用户签名档的内容。所以用户可以利用这个免费的广告位为自己的产品打广告。

营销方式：营销人员在人流最旺盛的地方后台24小时运行微信，如果"查看附近的人"使用者足够多，这个广告效果也会随着微信用户数量的上升而上升，这个简单的签名档也许会变成移动的"黄金广告位"。

2.O2O 折扣式——扫一扫

产品描述：二维码发展至今其商业用途越来越多，所以微信也就顺应潮流结合 O2O 展开商业活动。

功能模式：将二维码图案置于取景框内，就可以获得成员折扣、商家优惠抑或是一些新闻资讯。

营销方式：移动应用中加入二维码扫描这种 O2O 方式早已普及开来，坐拥上亿用户且活跃度足够高的微信，价值不言而喻。

3.互动营销式——微信公众平台

产品描述：对于大众化媒体、明星以及企业而言，如果微信开放平台+朋友圈的社交分享功能的开放，已经使得微信作为一种移动互联网上不可忽视的营销渠道，那么微信公众平台的上线，则使这种营销渠道更加细化和直接。

4.微信开店

这里的微信开店（微信商城）并非微信"精选商品"频道升级后的腾讯自营平台，而是由商户申请获得微信支付权限并开设微信店铺的平台。商户申请了微信支付后，才能进一步利用微信的开放资源搭建微信店铺。下面以餐饮店为例进行介绍。

（1）大小号助推加粉

很多商家在尝试做微信营销的时候都是采用小号，修改签名为广告语，然后再寻找附近的人进行推广的方式。作为一种新兴的营销方式，商家完全可以借用微信打造自己的品牌和CRM。因此建议采用注册公众账号，在粉丝达到500之后申请认证的方式进行营销更有利于商家品牌的建设，也方便商家推送信息和解答消费者的疑问，更重要的是可以借此免费搭建一个订餐平台。小号则可以通过主动寻找附近的消费者来推送大号的引粉信息，以此将粉丝导入到大号中统一管理。

（2）打造品牌公众账号

注册公众账号时首先得有一个QQ号码，然后登录公众平台网站注册即可。申请了公众账号之后在设置页面对公众账号的头像进行更换，建议更换为店铺的招牌或者LOGO，大小以不变形可正常辨认为准。此外，微信用户信息填写店铺的相关介绍。回复设置的添加分为添加自动回复、用户消息回复、自定义回复三种，商家可以根据自身的需要进行添加。同时建议商家对每天群发的信息做一个安排表，准备好文字素材和图片素材。一般推送的信息可以是最新的菜式推荐、饮食文化、优惠打折方面的内容。粉丝的分类管理可以针对新老顾客推送不同的信息，同时也方便回复新老顾客的提问。一旦这种人性化的贴心服务受到顾客的欢迎，触发顾客使用微信分享自己的就餐体验进而形成口碑效应，对提升商家品牌的知名度和美誉度效果极佳。

（3）实体店面同步营销

店面也是充分发挥微信营销优势的重要场地。在菜单的设计中添加二维码并采用会员制或者优惠的方式，鼓励到店消费的顾客使用手机扫描。一来可以为公众账号增加精准的粉丝，二来也积累了一大批实际消费群体，对后期微信营销的顺利开展至关重要。店面能够使用到的宣传推广材料都可以附上二维码，当然也可以独立制作展架、海报、DM传单等材料进行宣传。

（4）签到打折活动

微信营销比较常用的就是以活动的方式吸引目标消费者参与，从而达到预期的推广目的。如何根据自身情况策划一场成功的活动，前提在于商家愿不愿意为此投入一定的经费。当然，餐饮类商家借助线下店面的平台优势开展活动，所需的广告耗材成本和人力成本相对来说并不是达到不可接受的地步，相反有了缜密的计划和预算之后完全可以以小成本打造一场效果显著的活动。以签到打折活动为例，商家只需制作附有二维码和微信号的宣传海报和展架，配置专门的营销人员现场指导到店消费者使用手机扫描二维码。消费者扫描二维码并关注商家公众账号即可收到一条确认信息，在此之前商家需要提前设置好被添加自动回复。凭借信息在埋单的时候享受优惠。为防止顾客消费之后就取消关注的情况出现，商家还可以在第一条确认信息中说明后续的优惠活动，使得顾客能够持续关注并且经常光顾。

（二）销售平台

1. 背景

微信营销离不开微信公众的平台支持。微信作为时下最热门的社交信息平台，也是移动端的一大入口，正在演变成为一大商业交易平台，其对营销行业带来的颠覆性变化开始显现。腾讯 2021 年第三季度财报显示，截至第三季度末，微信及 WeChat 的月活跃合并账户为 12.6 亿。消费者只要通过微信公众平台对接微信会员云营销系统，就可以实现微会员、微推送、微官网、微储值、会员推荐提成、商品查询、选购、体验、互动、订购与支付的线上线下一体化服务模式。

2. 功能

（1）商品管理，商城后台具备商品上传、分类管理、订单处理等与网上店铺都具有的设置功能。

（2）自动智能答复，卖家可以在系统自定义设置回复内容，当用户首次关注你的商城时，可自动发送此消息给客户，还可设置关键词回复；当用户回复指定关键词的时候，系统将自动回复相应设置好的内容，让客户第一时间收到想要的消息。

（3）支付功能，支持支付宝，还支持财付通及货到汇款的传统支付方式。

（4）促销功能，积分赠送、会员优惠等。

3. 成功因素

第一条因素：赠送其有价值有特色的服务或产品。在所有的广告当中，最强大的词就是免费。

第二条因素：如何让传播更加方便快捷。在当今社会化媒体的时代，百度分享、移动网络的分享通通要用上。必须要精简营销信息，让用户便于传播，一定要是文本格式的，才能像火一样迅速燃烧起来。

第三条因素：找到共同的动机。一定要搞清楚别人为什么要复制自己的信息，传播自己的信息能带动他人的什么欲望？一定要把营销策略搞清楚，并建立在共同的动机上面。

第四条因素：利用现有的人脉和圈子。据研究资料表明，每个人都有 50 个高质量的人脉可以利用，只要你喜欢社交，你的 50 个人脉当中又能延伸出很多个有效人脉。所以说世界是很小的。要学会把信息传播给亲朋好友，就能加快信息传播的速度。

第五条因素：提前准备相当的服务器，因为病毒营销式的背后会给你带来很多的流量，可能将挤垮你的服务器，那时候流量就白白丢失了。

第六条因素：病毒式营销要学会"借刀杀人"，利用别人的资源达到自己的目的。写一些新闻投稿到大型的网站上，一则新闻就能引起数百家媒体和网站的转载，并造就成千上万的读者。

（三）公众平台

1. 简介

微信公众平台是腾讯公司在微信的基础上新增的功能模块，通过这一平台，个人和企业都可以打造一个微信的公众号，并实现和特定群体的文字、图片、语音的全方位沟通、互动。

不同于微博的微信，作为纯粹的沟通工具，商家、媒体和明星与用户之间的对话是私密性的，不需要公之于众的，所以亲密度更高，完全可以做一些真正满足需求和个性化的内容推送。

随着腾讯推出微信公众平台，那么微信的营销又将怎样变化呢？

在具体说明之前，我们应该看看微信营销到底有怎样的逻辑基础。

不建议企业将微信作为销售平台，不缺渠道，开个网店再容易不过了。企业缺的是品牌，缺的是信任，如果用户不接受你的品牌，不信任你，你的销售只会让用户反感。

企业应该将微信作为品牌的根据地，要吸引更多人成为关注你的普通粉丝，再通过内容和沟通将普通粉丝转化为忠实粉丝，当粉丝认可品牌，建立信任，他自然会成为你的顾客。

营销上有一个著名的"鱼塘理论"，微信公众平台就相当于这个鱼塘。

2. 活体广告板

微信中基于 LBS 的功能插件"查看附近的人"可以使更多陌生人看到这种强制性广告。

那么，我们可以假设，如果营销人员在人流最旺盛的地方后台 24 小时运行微信，随着微信用户数量的上升，可能这个简单的签名档会变成不错的移动广告位，让腾讯帮你打广告，貌似是一个不错的选择。

3. 细化营销渠道

通过一对一的关注和推送，公众平台方可以向"粉丝"推送包括新闻资讯、产品消息、最新活动等消息，甚至能够完成包括咨询、客服等功能。

可以肯定的是微信，在信息的用户推送与粉丝的 CRM 管理方面要优于微博。尤其是微信立足于移动互联网，更使得微信成为尤为重要的营销渠道。微信公众平台的 CRM 特点明显，管理上可以借鉴传统的 CRM 管理，每天实时收集反馈和回复，整理登记。

虽然有人称微信为营销利器，但是精细化、个性化、一对一的营销无疑在增加成功率的同时也会增加成本，至于何去何从，那就要看企业的选择了。

4. 延伸的行业应用：公众账号的接口应用

随着微信的不断发展，未来延伸的地方还有很多。比如医院的微信营销。有条件的医院可以开发一个微信的接口应用，比如自助挂号、查阅电子病例等功能，把公众账号打造成工具。先让部分用户体验，养成使用习惯，最终推广开来，达到取代病患使用电话和到场办理业务的目的。

（四）人工客服

1. 介绍

当越来越多的企业开始微信营销的同时，企业会在微信账号后台设置好一些快捷回复，而人工微信客服则是实现了真正的人与人在线实时沟通、传送活动、优惠信息等。而就微信自身的特点而言，微信是一个维系老客户的重要渠道，因此微信的咨询受理成为重点。

2. 需求

微信作为一个点对点沟通的平台，是很好的客户关系维护渠道，但是很多商家只是把微信简单地当作信息推送群发工具，而消费者其实并不希望收到传单。

人工微信客服的核心优势，就在于实现了人与人的实时沟通，此时客户所面对的是专业、服务质量优秀的客服人员，对于客户的咨询可以给出满意的回复。

（五）注意事项

1. 独特的语音优势

微信不仅支持文字、图片、表情符号的传达，还支持语音发送。如果你疲惫于打字发信息，那么就可以直接通过微信发语音信息。每一个人都可以用一个手机号打造本人的一个微信的大众号，并在微信平台上完成和特定集体的文字、图片、语音的全方位交流、互动。

但同时，如果把微信当成一种营销方式的话，直接的语音信息的传达既是优势也有可能成为一大失误的地方。因为语音的发送既要求传达者声音甜美，也要求有特定知识的积累。

2. 定位功能

微信也加载了 LBS 功能，在微信的"查看附近的人"的插件中，用户可以查找本人地点地理方位邻近的微信用户。体系除了显现邻近用户的名字等基本信息外，还会显现用户签名档的内容。商家也可以运用这个免费的广告位为本人做宣传，乃至打广告。当你在某餐厅用餐的时候，突然传来朋友的微信，说附近某某商场在促销，或者附近有什么好活动正在进行，是不是感觉很好呢。

同时，微信便利的定位系统也暴露了你的具体位置，很有可能使一些不法分子有机可乘。

3. 稳定的人际关系

微信关注的是人，人与人之间的交流才是这个平台的价值所在。微信基于朋友圈的营销，能够使营销转化率更高。但微信基于隐私的保护，会使你看不见朋友的朋友与他的谈话，而"查看附近的人"这个功能会使自己的相册暴露在任何一个陌生人面前，因为没有取消可见这个功能。熟人社区和陌生人交友，这两个极端的关系链混合在一起，让朋友圈这个产品的定位变成一个艰难的决定。

4. 方便的信息推送

微信大众账号可以经过后台的用户分组和地域操控，完成精准的音讯推送。一般大众账号，可以群发文字、图片、语音三个类别的内容。认证的账号则有更高的权限，不仅能推送单条图文信息，还能推送专题信息。目前，在推送的打扰方面，最新版别的推送已经悉数撤销声响提示，以便把私家信息和内容音讯区别。

四、评价

（一）优势

微信一对一的互动交流方式具有良好的互动性，精准推送信息的同时更能形成一种朋友关系。基于微信的种种优势，借助微信平台开展客户服务营销也成为继微博之后的又一新兴营销渠道。

微博的天然特性更适合品牌传播，作为一个自媒体平台，微博的传播广度和速度惊人，但是传播深度及互动深度不及微信。

1. 高到达率

营销效果很大程度上取决于信息的到达率，这也是所有营销工具最关注的地方。与手机短信群发和邮件群发被大量过滤不同，微信公众账号所群发的每一条信息都能完整无误地发送到终端手机，到达率高达100%。

2. 高曝光率

曝光率是衡量信息发布效果的另外一个指标，信息曝光率和到达率完全是两码事，与微博相比，微信信息拥有更高的曝光率。在微博营销过程中，除了少数一些技巧性非常强的文案和关注度比较高的事件被大量转发后获得较高曝光率之外，直接发布的广告微博很快就淹没在了微博滚动的动态中了，除非你是刷屏发广告或者用户刷屏看微博。

而微信是由移动即时通信工具衍生而来，天生具有很强的提醒力度，比如铃声、通知中心消息停驻、角标等，随时提醒用户收到未阅读的信息，曝光率高达100%。

3. 高接受率

微信已经成为主流信息接收工具，其广泛和普及性成为营销的基础。除此之外，由于公众账号的粉丝都是主动订阅而来，信息也是主动获取，完全不存在垃圾信息招致抵触的情况。

4. 高精准度

事实上，那些粉丝数量庞大且用户群体高度集中的垂直行业微信账号，才是真正有效的营销资源和推广渠道。

5. 高便利性

移动终端的便利性再次增加了微信营销的高效性。相对于PC电脑而言，未来的智能手机不仅能够拥有PC电脑所能拥有的任何功能，而且携带方便，用户可以随时随地获取信息，而这会给商家的营销带来极大的方便。

（二）缺点

微信营销所基于的强关系网络，如果不顾用户的感受，强行推送各种不吸引人的广告信息，会引来用户的反感。凡事理性而为，善用微信这一时下最流行的互动工具，让商家与客户回归最真诚的人际沟通，才是微信营销真正的王道。

第四节　App 营销

一、含义

App 营销指的是应用程序营销，这里的 App 就是应用程序的意思。App 营销是通过特制手机、社区、SNS 等平台上运行的应用程序来开展营销活动。

App 是英文 Application 的简称，由于智能手机的流行，App 指智能手机的第三方应用程序。

一开始 App 只是作为一种第三方应用的合作形式参与到互联网商业活动中去的，随着互联网越来越开放化，App 作为一种盈利模式开始被更多的互联网商业大亨看重，如淘宝开放平台、腾讯的微信开放平台、百度的百度应用平台都是 App 思想的具体表现，一方面可以积聚各种不同类型的网络受众，另一方面借助 App 平台获取流量，其中包括大众流量和定向流量。

二、特点

（一）成本低

App 营销的模式，费用相对于电视、报纸甚至是网络都要低很多，只要开发一个适合于本品牌的应用就可以了，可能还会有一点的推广费用，而且这种营销模式和营销效果是电视、报纸和网络所不能代替的。

（二）信息全面

全面展示信息，能够刺激用户的购买欲望，移动应用能够全面展现产品的信息，让用户在没有购买产品之前就已经感受到了产品的魅力，降低了对产品的抵抗情绪，通过对产品信息的了解刺激用户的购买欲望。

（三）品牌建设

提升品牌实力，形成竞争优势，移动应用可以提高企业的品牌形象，让用户了解品牌，进而提升品牌实力。良好的品牌实力是企业的无形资产，为企业形成竞争优势。

（四）即时性

用户可以网上订购，通过移动应用对产品信息进行了解，可以及时在移动应用上下单或者是链接移动网站进行下单。顾客交流和反馈，利用手机和网络，易于开展由制造商与个别客人之间的交流。客人的喜爱与厌恶的样式、格调和品位，也容易被品牌一一掌握。这对产品大小、样式设计、定价、推广方式、服务安排等，均有重要意义。

（五）跨时空

营销的最终目的是占有市场份额。互联网具有超越时间约束和空间限制进行信息交换的特点，使得脱离时空限制达成交易成为可能，企业能有更多的时间和更多的空间进行营销，可每周7天每天24小时随时随地提供全球的营销服务。

（六）精准营销

通过可量化的精确的市场定位技术突破传统营销定位只能定性的局限，借助先进的数据库技术、网络通信技术及现代高度分散物流等手段保障和顾客的长期个性化沟通，使营销达到可度量、可调控等精准要求。摆脱了传统广告沟通的高成本束缚，使企业低成本快速增长成为可能，保持了企业和客户的密切互动沟通，从而不断满足客户个性需求，建立稳定的企业忠实顾客群，实现客户链式反应增殖，从而达到企业的长期稳定高速发展的需求。

（七）互动性强

这种营销效果是电视、报纸和网络所不能代替的。将时下最受年轻人欢迎的手机位置化"签到"与App互动小游戏相结合，融入各种营销活动。例如目前流行的签到类游戏，消费者接受"签到玩游戏"等任务后，通过手机在活动现场和户外广告投放地点签到，就可获得相应的勋章并赢得抽奖机会。

（八）用户黏性

App本身具有很强的实用价值，应用程序可以让手机成为一个用户生活、学习、工作上的好帮手，是手机的必备功能，每一款手机都或多或少有一些应用。App营销的黏性在于一旦用户将应用下载到手机，应用中的各类任务和趣味性的竞猜会吸引用户，形成用户黏性。

三、营销模式

不同的应用类别需要不同的模式，主要的营销模式有广告模式、App 植入模式、用户营销模式、移植营销模式和内容营销模式。

（一）广告营销

在众多的功能性应用和游戏应用中，植入广告是最基本的模式。广告主通过植入动态广告栏链接进行广告植入，当用户点击广告栏的时候就会进入指定的界面或链接，可以了解广告主详情或者是参与活动，这种模式操作简单，适用范围广，只要将广告投放到那些热门的、与自己产品受众相关的应用上就能达到良好的传播效果。

（二）用户营销

用户模式的主要应用类型是网站移植类和品牌应用类，企业把符合自己定位的应用发布到应用商店内，供智能手机用户下载，用户利用这种应用可以很直观地了解企业的信息，用户是应用的使用者，手机应用成为用户的一种工具，能够为用户的生活提供便利性。这种营销模式具有很强的实验价值，让用户了解产品，增强产品信心，提升品牌美誉度。不断强化对品牌的印象，商家也可以通过该 App 发布信息给精准的潜在客户。

（三）移植营销

商家开发自己的产品的 App，然后将其投放到各大应用商店以及网站上，供用户免费下载使用。该模式基本上是基于互联网购物网站，将购物网站移植到手机上面去，用户可以随时随地浏览网站获取所需商品信息、促销信息，然后进行下单。这种模式相对于手机购物网站的优势是快速便捷，内容丰富，而且这类应用一般具有很多优惠措施。

（四）内容营销

通过优质的内容，吸引到精准的客户和潜在客户，从而实现营销的目的。

四、营销策略

互联网时代的迅猛发展使移动终端用户数量剧增，智能手机平板电脑已经变成了人们工作、生活随身携带的重要物件之一，而移动 App 应用程序以移动终端为载体，给人们的衣、食、住、行提供了极大的便利，人们已经渐渐离不开 App，因此利用 App 营销已经成为当下最主流的营销手段，只有合理利用相关资源才能使移动 App 的应用得到长远的发展。

App 的营销策略主要分为以下几个方面。

（一）关注用户体验

移动 App 营销，需要围绕着用户的需求开展，时刻关注用户体验。企业开展 App 营销活动，需要对企业的目标客户进行细分与定位，确定 App 营销的目标。企业应当及时更新用户体验，对 App 功能进行整合，提升用户黏度。由于当前 App 营销活动传播速度快，企业开展 App 营销需要不断地创新，丰富用户体验，及时更新 App 营销推广的内容。

（二）注重提高与维护用户的黏度

企业利用 App 营销，不仅仅是通过 App 进行品牌、产品的宣传推广，更重要的是利用移动 App 互动的优势，维护客户关系，建立企业与客户之间的信任机制，及时沟通与传达。这种方式，可以减少用户的流失，并且维护用户对 App 的依赖感，提高用户的黏度。

（三）选择关联度和热门度高的 App 互推

如果企业开展 App 营销，单枪匹马在当前庞大的移动互联网中打拼，难以受到用户的关注。企业应当考虑在手机应用软件中，与企业关联度较强的 App 或者是热门度高的 App 中进行互推。关联度高的软件容易吸引目标客户，而热门度高的 App 能够获得较高的点击率。企业在 App 营销中，要考虑到用户的体验，综合考虑关联度与热门的 App 互推。

（四）个性化精准投放

由于移动 App 营销方式受到用户偏好的影响因素较为深远，因此，企业推出 App 营销，需要做到个性化、精准投放。个性化体现了企业的品牌、产品优势，精准体现了营销理念准确传达到 App 营销对象。如，当前使用地图定位与 App 关联的软件越来越多，大众消费习惯也越来越依赖这种方式，假设用户到达陌生城市，只需要通过位置定位，即可获得餐饮、住宿、购物等信息提示，企业抓住用户需求的时机，就能够做到个性化精准投放。

（五）增强 App 广告的创意和互动

移动 App 具有较强的互动性，企业增强 App 广告的创意与感染力，吸引用户对广告的关注与认同。当前，互联网信息泛滥，单一的、直白的广告宣传，反而遭到用户的反感。App 营销的广告互动性强，能够将用户拉近企业交流，更多融入产品、品牌的宣传。

（六）将产品体验做出互动游戏

很多App产品都可以将体验形式开发成小游戏，如服装可以试衣服大小和搭配颜色，饮料可以自己酿造，家居App可以自定义家居布局并分享。对线下实体店来说，App往往不是最好的销售工具，但是能弥补线下体验的短板，通过App能打通会员营销、体验与服务体系。

（七）线上线下联动

通过App的二维码扫描功能可以实现与线下的活动、广告、促销等形成联动，往往是线下活动、展示，线上抽奖、派送等。这种形式可以解决线下活跃度不足的问题，吸引力也是相当大的。

第六章　全媒体营销前沿

第一节　第三方平台营销

一、第三方平台概述

（一）第三方平台的定义

第三方平台是第三方电子商务平台的简称，也称为第三方电子商务企业，泛指独立于产品或服务的提供者和需求者的第三方机构，按照特定的交易与服务规范，为买卖双方提供包括供求信息发布、商品搜索、交易洽谈、货款支付、商品物流等服务支持的网络服务平台。相关明令规定，第三方电子商务平台的提供商不得为非法经营者和非法交易者提供服务。

（二）第三方平台的特点

第三方电子商务平台是以买卖双方为中心的、开放式的、中立的电子商务平台（网上交易市场），是一种有盈利潜力的电子商务模式。也就是说，第三方电子商务平台是由买方、卖方之外的第三方投资，自行建立起来的中立网上交易市场，提供买卖多方参与的竞价撮合综合模式，包含"一对多卖方集中模式"或"多对一买方集中交易模式"等。具体来说，第三方平台具备以下几个方面的特点。

1. 中立性

第三方电子商务平台提供商只提供交易服务，不参加交易，是独立在买卖双方之外的。其可以有效解决传统交易中"拿钱不给货"和"拿货不给钱"的两大难题，而对双方有争议的问题，也可以通过第三方交易平台公正处理，采用商业和法律手段实行有效约束。

2. 准入性

第三方电子商务平台为企业或个人创造了更多的贸易机会。每一位平台会员只要借助于统一的技术平台与交易标准，就可以以极低的成本自由进入全球化的电子交易市场，中小企业也可以拥有和大企业一样的电子商务网站，并且参与到市场的竞争中，给全球的经济带来活力。

3. 服务性

第三方电子商务平台最基本的功能是为企业与企业，企业与消费者之间的网上交易提供包括交易平台、支付平台、物流服务、信用服务、交易信息服务、业务外包、信息技术外包等方面的全程服务。

4. 高效性

第三方电子商务平台实现了传统商务流程的电子化、数字化，革新了传统流通模式。有效减少交易活动的中间环节，简化交易流程，促进了商家与消费者的直接交易，有效地改变了整个社会经济运行的方式。同时，通过电子商务平台开展交易，可以突破时间和空间的限制，使得交易活动随时随地进行，大大提高交易效率。

5. 规模性

第三方电子商务平台将买卖双方与第三方平台集成，能够很好地形成第三方平台的规模效益，为买卖双方展现了一个系统性的、巨大的全球网上交易市场，并实现了各种资源的共享。

（三）第三方平台的分类

第三方电子商务平台按照其业务范围、服务地域范围等，可以划分为不同的类型。

1. 按服务行业范围划分

（1）第三方电子商务综合性（平行性）平台

第三方电子商务综合性（平行性）平台是指可服务于多个行业与领域的电子商务网站，如阿里巴巴、慧聪网、环球资源网、中国供应商等。

（2）第三方电子商务行业（垂直性）平台

第三方电子商务行业（垂直性）平台是指定位于某一特定专业领域的电子商务网站，如中国化工网、中国医药网、中国纺织网等。

2. 按服务内容划分

（1）第三方电子商务交易服务平台

这类平台直接服务于交易，包括围绕市场、围绕采购、围绕销售、围绕信息增值等提供的交易服务。例如，中国纺织经济信息网、中国旅游网等行业网站，都具有直接服务于交易的功能。

（2）第三方电子商务业务服务平台

这类平台业务很广泛，如研发、生产制造、物流、供应销售、财务、人力资源、管理咨询、技能培训、旅游、保险、医疗等，凡传统业务有的，在网上今后就会有配套。

（3）第三方电子商务技术服务平台

这类平台提供网络环境和各种技术支持，包括信息处理、数据托管、应用系统，也包括一部分的IT外包。

3. 按提供服务的层次划分

（1）第三方电子商务简单信息服务平台

这种平台主要为买卖双方，提供信息发布、产品展示、沟通交流、业务推广等服务，简称商务信息平台。

（2）第三方电子商务全方位服务平台

这类平台不但提供信息服务，而且还提供全面配合交易的服务，包括销售管理、信用管理、客户关系管理、在线支付、物流、售后服务等功能。

4. 按服务对象划分

目前，电子商务平台主要以这种方式进行划分，也叫电子商务模式，可以分为B2C、B2B、C2B、C2C、B2G、BMC、ABC等经营模式，甚至出现了复合型的电子商务模式，如B2B2C。其中主流的模式有B2B、B2C、C2C和C2B。

（1）B2B（Business to Business）第三方电子商务平台

B2B模式的实质是第三方为企业与企业之间提供开展电子商务的公共平台，如网上批发平台，代表网站有阿里巴巴网、中国制造网、慧聪网、环球资源网和万国商务网等。

（2）B2C（Business to Consumer）第三方电子商务平台

该模式的实质是第三方为企业与消费者之间提供开展电子商务的公共平台，如网上商场或专卖店，代表网站有京东、唯品会和聚美优品等。

（3）C2C（Consumer to Consumer）第三方电子商务平台

该模式的实质是第三方为消费者与消费者之间提供开展电子商务的公共平台，如网上集贸市场，代表网站有淘宝网、拍拍网和易趣网等。

（4）C2B（Consumer to Business）第三方电子商务平台

该模式的实质是第三方为消费者与企业之间提供开展电子商务的巩固平台。即先有消费者提出需求，后有生产企业按需求组织生产，如团购、个性化定制。代表网站有葫芦网和美团网等。

（四）第三方平台的优势

在网络上，企业主要采用自建独立平台与入驻第三方平台这两种方式进行产品销售。

简单来说，自建独立站销售是指企业需要拥有自己独立的域名，自行搭建服务器与销售平台，通过自建或合作物流的方式配送商品；第三方平台销售是指企业无须搭建销售平台，直接入驻第三方商务平台进行商品销售，通过合作或使用平台提供的物流方式配送商品。相对于自建独立平台来说，入驻第三方平台的优势体现在以下几个方面。

1. 价格优势

入驻第三方电商平台所需要费用相对于自建平台或传统的实体销售成本较低。以 B2B 企业为例，加入阿里巴巴交易网的中文站点免费。

2. 信息优势

第三方电商平台因其采用专业化运作、推广、服务，往往知名度较高，资源共享体系完善，信息量大。

3. 技术优势

第三方电商平台具备较大的交易规模和必备的管理技术力量，能很好地在整个交易流程体现其技术优势。

4. 聚集优势

信誉好的第三方交易市场往往能够吸引一大批企业加盟，从而累积了数量庞大的企业数据库，这种集聚优势往往具有良好的示范效应。

5. 管理优势

良好的第三方网络营销平台有专业人士进行维护，企业无须再提供专门技术人员进行管理。

6. 营销优势

互联网的广泛性、开放性、渗透性，使得依托于互联网的第三方电子商务平台的营销更为便捷、精准和有效，营销资源丰富，几乎可以实现网络广告的所有形式，且成本较低。

（五）第三方平台的盈利模式

1. 会员费

入驻第三方电子商务平台参与电子商务交易，必须注册网站会员，并缴纳一定的会员费，才能享受网站提供的各种服务，主要包含网上店铺出租、公司认证、产品信息推荐等。

2. 广告费

第三方平台的广告费收入途径主要包含：

（1）文字广告：关键字广告、文字链接、资讯文章、嵌入不同颜色文字等；

（2）图片广告；

（3）动态广告 Flash；

（4）广告联盟分享投放，如知名网站上的广告；

（5）邮件广告；

（6）商业调查投放。

3. 搜索竞价排名

搜索竞价排名是指第三方平台内的搜索引擎关键词竞价排名。企业为了促进产品的销售，都希望在平台的信息搜索中将自己的排名靠前，而网站在确保信息准确的基础上，根据会员缴费的不同对排名顺序作相应的调整。

4. 增值服务

第三方平台除提供基本的贸易交易服务外，通常会提供增值服务，例如：

（1）企业认证；

（2）独立域名；

（3）提供行业数据分析报告、行业发展报告；

（4）搜索引擎优化；

（5）客户留言，前言资讯短信服务和邮件服务；

（6）高级商友俱乐部收费服务和线下服务；

（7）下载电子杂志；

（8）网站数据分析报告；

（9）专家在线资讯。

5. 线下服务

第三方平台除了提供线上服务外，也会提供一些线下服务，例如：

（1）培训；

（2）展会：通过展会，供应商和采购商面对面交流；

（3）行业商会、研讨会、高峰论坛等；

（4）期刊：主要是关于行业资讯等信息，也可以植入广告。

6. 商务合作

第三方平台会与一些组织机构进行商务合作，资源互通。

（1）政府、行业协会合作；

（2）网站合作，如广告联盟等；

（3）媒体合作；

（4）企业合作。

7. 自由产品销售

第三方平台会结合客户所需，销售一些独立产品或服务，例如：

（1）行业管理软件；

（2）店铺会员服务，如阿里巴巴的诚信通；

（3）企业建站。

8. 交易环节收费

第三方平台会在买卖双方的交易环节中提供一些服务而收取相应的费用，例如：

（1）交易佣金；

（2）支付服务；

（3）网上业务中介；

（4）网上拍卖；

（5）物流服务。

二、第三方平台营销体系

随着电子商务的快速发展，第三方电子商务平台已经成为我国企业不可缺少的交易平台。而作为一个具备信息展示交流、交易销售功能的网络平台，营销是伴随其产生而出现的，并且是必不可少的关键部分。在卖方入驻第三方平台—出售商品—买方反馈这一系列的流程中，营销无处不在，并形成与第三方平台运营模式相对应的营销体系。

据一项来自顾客体验咨询公司的调查发现，影响用户网上购买的因素按照重要性递减的排序分别是：竞争性的价格、详细的产品描述、网站易用性、良好的顾客服务、丰富的选择种类、商品比较功能、商品图片清晰度、品牌知名度、商品评级、顾客评论、购买指南、对网站的熟悉程度、专家建议、是否有线下商店等。这项调查的意义在于，电子商务是一个复杂的系统，需考虑的因素很多，而这些因素又分散在店铺建设和推广的各个阶段，一些看似不起眼的因素都可能决定一个用户最终是否在该网站完成购物。

（一）品牌建设阶段

品牌是一种无形资产，所以品牌建设所涉及的内容其实很广泛，包含品牌的定位、规划、设计、管理等方面。而从商家选择入驻哪一个第三方电子商务平台开始，商铺的建设与设计，产品的信息上传也涉及品牌的规划设计、运营管理，这都属于品牌建设范畴。

1. 第三方平台的选择

选择运营良好的第三方平台，是在电子商务平台进行产品销售的基础。具体可以分为以下三个步骤。

第一，搜索备选第三方平台。从信用、成本、覆盖、特色、功能和持续性等指标去考虑。

（1）从电子商务类别来看，尽量选择与自己业务相关的专业性电子商务平台。

（2）选择知名度高、会员数多、访问流量大的电子商务平台。假如各种媒体、各大网址导航站上重复出现较多的平台，说明其知名度较高。

（3）选择信用度高的电子商务平台。

（4）选择服务好的电子商务网站平台。

第二，拟定和搜集第三方平台的评价数据。主要考虑平台的人气，平台自身的营销能力和贸易撮合方面的服务水平。评价数据的参考指标包括以下几个方面。

数据一：网站企业会员注册数量。

数据二：供求信息数量。

数据三：客户分布情况。

数据四：网站信息真实性评价。

数据五：从平台论坛和搜索引擎中获取有关该平台的评价信息。

数据六：Alexa（网站流量全球综合排名查询网站）的流量排名（最有权威性）。

数据七：网页被浏览总次数。

数据八：访问者来路。

除以上数据外，还可以了解平台的搜索引擎营销水平（平台的搜索引擎友好性及所在行业的关键词广告投放量情况）；站内信息指标（会员当天发布的信息数量及所在行业的供求信息掌握情况）；网下市场推广能力（了解平台行业背景资料，线下会展推广、目录宣传情况）等。

第三，评估和选择电子商务平台。首先，对所有收集好的备用平台的二级指标数据和信息进行对比分析；然后根据企业产品性质、营销期望、资金预算、人员情况等方面的需求进行评分计算。

2. 店铺注册与装修

选择合适的平台后，第二步是进行平台注册获取账号。有的平台是免费的，有的则需要付费。注册成功后开始进行店铺的命名和装修设计。网络店铺的命名就是品牌名称设计，一般选择品牌名称或实体店铺名称的直接移植。而网络店铺的装修与实体店铺装修一样也属于视觉营销范畴，集交互设计、用户体验、信息构架为一体，重点在于视线把控和客户的心理把控。

客户在网上购物时的行为流程是：产品进入视线—信息传递到大脑—产生购买欲望—

形成购买。如何让用户尽可能地在店铺里停留更多时间，并最终产生购买行为，不仅要对页面进行结构规划，还应遵从用户的浏览习惯，信息展现方式应最大程度吸引用户注意力。

在第三方平台上，根据经营模式的不同，具体需求情况也不同，但在视觉营销上都应注重色彩、版式和功能模块上的设计展现。

（1）色彩

色彩是店铺氛围渲染的最主要元素。基调色彩可以采用品牌标志色，或根据店铺受众进行细分定位，采用符合该群体属性的色彩，让品牌文化与风格更加明了。每种颜色有各自的性能特征，但是页面中的颜色选择最好在五种以内，注重色彩间的协调搭配。

（2）版式

在第三方平台上，版式布局一般都是默认的方形页面，它的优势是较为整齐，设计操作简单，劣势是不能很好地突出页面重点，缺少层次感。除了方形版式，还有三角形版式和圆形版式。三角形版式的优势是页面层层递进，引导客户浏览，但需要良好科学的布局，页面设计要求较高。而圆形版式属于重点突出型，适合某一系列或有针对性的专题活动，它突出某个重点，进行产品集中推荐。但文字不宜过多，排版设计较复杂。

（3）功能模块

店铺的功能模块设计应以客户浏览习惯和心理需求为基础，有利于产生良好的交互作用，优化店铺的用户体验。例如，C2C模式的淘宝平台在目前选择的功能模块主要有轮播页面、搭配套餐、成交地图、分类模块、促销模块等，每一个功能所承担的角色不同，区分清晰、各尽其责。

3. 信息上传

在第三方平台，产品信息的上传是首要关键任务，产品信息展示可以直接影响买方的购买欲望和行为。

（1）产品信息发布技巧

①类目

产品类目要选择正确。可以通过输入产品名称等关键词快速查找并选择正确的产品类目，也可以按照类目结构，逐级选择产品所对应的类目。

②产品属性

要填写完整。完整、正确的产品属性可以提高客户信息搜索时的命中率，大大提高曝光概率，也能够让客户在第一时间内更全面地了解产品。

③信息标题

要体现出特色和优势，即卖点。标题是信息内容的核心浓缩。表述清晰并且包含产品关键信息的标题，能够让用户更容易识别和了解产品，从而吸引客户更多的兴趣。应做到：一条信息标题应只描述一种产品；信息标题包含与产品相关的关键字；标题中增加和产品相关的描述性词，丰富标题内容，突出产品卖点；信息标题包含诱惑点，如优惠信息。

④产品图片

清晰实拍，直观展示产品。清晰的产品图片可以帮助卖家直观了解产品的细节，上传图片时应注意图片的文件要求和内容设计。在图片文件上，按照平台要求的格式（jpg 或 gif）和大小上传，图片尽量是正方形，可以充分填充展示区域；在图片内容上，一张图片应只放一个商品，且与信息内容相符；图片背景尽量简单，浅色背景最宜；产品图最好覆盖图片面积70%以上；图片上尽量不要出现大面积文字，以遮盖了产品。

⑤产品的详细说明

详细说明是客户进行下单交易决策的重要组成部分之一，有助于客户对产品的深入了解。它承载了整个产品的详细介绍，包括产品性能、材料、参数表、型号、用途、包装、使用说明、售后服务等方面，图文并茂，突出产品的优势和特点。根据不同的行业，详细说明可能存在不同的介绍方式及侧重点。

（2）其他信息上传

除了产品信息以外，第三方平台还提供一些功能让卖家充分展现其他相关信息，提高客户的品牌认知，并有助于卖家的品牌形象塑造。

①基本信息

企业的公司介绍、经营活动、公司历史、企业文化、联系方式等。

②品牌信息

可以上传展示企业品牌相关的信息包括图片、视频、新闻报道等，如企业建筑、厂房、优秀员工、公关活动图片等，同时还可以发布企业内部信息以及与企业相关的新闻报道。

③实力展示

主要提供各种证书的展示，如质量认证、免检证书、获奖证书等。

④人才招聘

可以发布企业的人才招聘信息。

（3）增强客户信任感

在电商平台上所上传的信息不仅要充分明确，其内容也应真实有效，有助于增强客户的信任感，促进发展的可持续，应做到：

第一，网站上提供翔实的各类信息；

第二，引进第三方资质认证；

第三，所有的信息都是可以验证的；

第四，提供用户条款及隐私权政策，供用户阅读和了解；

第五，各种联系方式一应俱全，方便顾客选用；

第六，提供退款保证，免除顾客的后顾之忧；

第七，保留客户的评论，无论是好的评价还是差的评价。

在信息上传时还应注意，很多卖家会入驻多家第三方电子商务平台或者自建平台与入驻第三方平台联合经营。此时，虽然是不同的电子商务平台，但宣传信息应统一。同时，也要考虑到不同平台的目标客户对信息的关注偏好不同，宣传信息应有所侧重。

（二）网站推广阶段

1. 平台内推广

第三方平台在推广营销方面可以提供形式多样的广告服务。例如，搜索引擎优化和关键词的竞价排名等线上服务，还有展会、行业商会等线下推广服务。所以在第三方平台内的推广营销应做到以下几个方面。

第一，分析平台内的搜索排名规律，设计关键字、信息发布、产品分类技巧等，获取良好的企业和产品展示机会。

第二，购买平台内的广告位、产品搜索的关键字排名。

第三，在平台的社交平台（如社区）发帖，获得他人的关注。

第四，主动出击，搜索并向潜在客户主动联系，如购买平台的邮件服务、商业资讯。

第五，积极参加平台内举行的行业展会、商会、论坛以及商务俱乐部等线下活动，获得曝光度的同时，可以寻求更多商务合作机会。

2. 平台外推广

商家入驻第三方平台，拥有独立网页，所以在平台外推广其实属于网络营销范畴。网络营销所包含的营销形式都适用于网站推广，常用的有以下推广方式。

（1）搜索引擎营销

搜索引擎营销是为了让客户通过综合搜索引擎能够快速找到店铺。一般是在全站生成静态页面和建立网站地图的基础上，进行竞价排名和 SEO 友好设计。前者是通过百度、谷歌等综合搜索引擎进行付费推广，将一定的关键词排列靠前，获得流量和用户；后者的 SEO 不需要向搜索引擎付费，但需要专业 SEO 人员操作，进行关键词自定义以及关键词的长尾纵深设置。除此之外，还可以生成友情链接植入流量权重高的他人网站。

（2）邮件营销

邮件营销是电商企业常用的推广方式之一。如果能把握好发送渠道、用户邮箱数据和邮件内容这三个方面，可以实现与目标客户直接进行沟通，如精准邮件群发、邮件订阅等，获得较好的推广效果。

（3）微博/微信营销

大部分的网站店铺会在微博和微信上注册账号，微博营销传播快、速度广、目的性强，而微信更便于客户关系的管理和维护。

（4）其他

除了以上推广形式，常见的还有事件营销、软文推广、群推广、论坛推广、博客推广、短信营销、问答平台推广等。

（三）客户营销阶段

当营销推广活动把用户引入店铺后，第一阶段是进行用户转换，让其产生购买行为；第二阶段是提升客户体验，培养忠诚客户。

1. 促销策略

在用户网络购物行为的产生过程中，促销活动可以直接激发用户的购买行为，实现用户的转换。

（1）常见的促销手段

①折扣促销

折扣促销是直接让利于客户，让其可以直观感受到实惠，因此是目前最常用的一种阶段性促销方式，如特价、降价优惠、发放优惠券、团购促销、批量作价优惠（指购买到一定数量的产品可以享受优惠，可以有效增加顾客一次性购买商品的数量）等。

②有奖促销

在电商平台上常见的有购物满额抽奖促销、有奖征集等，奖励形式可以刺激客户的购买行为，有效提高销售量。但需要注意开奖规则的真实性和抽奖的公平性。

③赠品促销

赠品促销也属于奖励行为，其关键在于赠品的选择上，得当的赠品会对产品销售起到积极的促进作用，而不适合的赠品只能使成本上升，利润减少，顾客也不满意。选择合适的赠品应注意：第一，不要选择次品、劣质品，这样做只会适得其反，影响形象；第二，选择适当的能够吸引买家的产品或服务，如红包、返现；第三，注意赠品的预算，不可过度赠送赠品而造成成本加大。

④积分促销

积分促销有积分抵扣、积分换购、积分赠送等形式，可有效吸引买家再次来店购买，巩固老顾客的同时，还可以吸引新买家，拓展发掘潜在买家。

⑤联合促销

联合促销也指产品组合促销，通常是与其他产品或是产品的配件进行捆绑销售形成套餐，可有效减少库存，但要注意产品的受众应统一。

（2）常见促销契机

①节日促销

节日促销是指在节庆日举行促销活动，如民俗节日促销、西方节日促销、现代节日促销。

②主题促销

主题促销是指拟定主题举行促销活动，这在电商平台上最为流行，如开业主题促销、店庆主题促销、季节主题促销、会员制主题促销、主题商品促销等。

2. 服务营销

在用户网络购物行为的产生过程中，客服服务伴随着售前、售中和售后整个过程，可以直接影响客户的购买决定，甚至影响其后续购买行为。

（1）建立客服团队

建立岗位分明的客服团队，如售前和售后客服，并进行专业化的客服培训，明确职责规范。

（2）制定服务原则

服务应做到及时、真诚、热情和敬业，并以结果为导向，做到服务与质量并存，解客户之忧。还应通过自身努力，让潜在的目标客户成为购买客户，甚至成为长久客户。

（3）进行服务分析

服务代表着店铺、企业乃至品牌的形象，进行服务分析有利于提供服务质量。例如，对售前的接单、询单转化率以及客单价进行定期分析，并对未成交的顾客调取聊天记录，发现客服的问题所在；对举报维权的顾客，调取售后聊天记录，找出原因，及时通知更正等。

3. 管理客户评价

客户评论属于口碑营销的一种形式。口碑营销的特点就是人们对一种产品或服务的感受很好，本着分享的原则把产品和服务传达给第三者，从而让其他人了解这个产品或服务。毋庸置疑，电子商务平台上的买家评论就是口碑营销的极佳载体，真实反映了店铺的商品及服务品质。大部分客户在浏览商品信息的时候，都会浏览关于商品的评论。良好的评价分数可以让买家放心购买，有效提升销售转换率。也就是说，以买家评价为载体引导消费是电子商务平台促进销售的关键部分。

什么是好的店铺评价？好的店铺评价 = 评价人数多 + 评价分数高，所以需要从增加评价数量和提升评价分数两个方面着手管理和维护客户评价体系。

（1）增加评价数

第一，交易前灌输评价意识，培养买家评价习惯。店铺/商品页面展示正常的购买流程，确认收货之后的流程体现评价环节，让买家在购买之前就了解评价是整个交易流程中必有的环节，培养其评价习惯。

第二，交易时，适时提示买家下一步进行评价。在交易过程中的诸多环节里可以适时提醒买家进行评价。

①在商品的配送包裹里附送的售后服务卡片中包含评价提示。

②在商品配送物流过程中，在发货关怀中附上评价提醒。例如，发货时分正常发货和延迟发货。正常发货关怀的内容包括：感谢购买、物流信息、查询电话、卖家售后关怀电话、评价提醒等；延退发货关怀的内容包括：感谢购买、延迟道歉、解释、预计发货时间、恳请买家谅解、卖家售后电话、评价提醒等。而当商品物流到达客户所在城市的时候，也是一个很好的客户关怀节点，此时可以发送同城到达提醒短信，内容包括：感谢购买、告知包裹到达同城、提醒电话保持畅通、以便快递联系送货、提醒检查签收、评价提醒等。

③客户签收商品后，是引导客户评价、获得好评的关键时期，关怀内容可以包括：感谢购买、提醒已签收、询问是否收到、是否满意、提醒对服务和产品满意度进行确认和评价等。

第三，交易后，引导长时间未评价的买家进行评价或让买家进行商品使用后的评价。引导步骤参考：问候——询问商品是否收到货物——询问货物是否满意——询问使用过程中有无遇到问题——如买家表示满意且使用无问题，友好提醒进行评价——祝福语。

（2）提升评价分数

提升买家评价分数的最大前提是保证优良的商品和服务品质，在满足这个前提下，可以通过以下方式使评价的分数得到有效的提升。

①常规引导

第一，店铺页面和商品页面或售后卡片中展示高分评价演示，避免买家因不熟悉评分规则而误评分。

第二，客服主动与客户沟通交流，引导客户进行高分评价。

②活动引导

可以进行一些促销或奖励活动，刺激买家主动给予高分评价，如满分有奖（礼品、二次免邮、二次优惠、红包、会员折扣等）等活动。

③危机管理

对于一些产生纠纷的交易，商家要做到积极主动地进行处理，将优质的服务品质展示给买家，做好将不满意变成满意的关键工作。要做好危机管理，且得到买家的认可和好评，商家可以做好以下的工作：

第一，熟悉且掌握第三方平台的售后纠纷处理规则及条款；

第二，及时、真诚地与买家沟通，了解买家疑问，并给予正确处理；

第三，勇于承担责任；

第四，做超出买家期望值的服务。

第二节　场景营销

一、场景营销的定义

（一）广义的场景营销

广义的场景营销是指企业基于消费者所处的具体情景和时间，通过与消费者的互动而展开的营销推广活动。

广义的场景营销经历了三个阶段，即线下场景营销、线上场景营销和线上＋线下场景营销。

1. 线下场景营销

属于传统营销，伴随着线下商业的出现而萌芽、成长，如我们常见的海报展示、传单派发、活动庆典等。

2. 线上场景营销

属于传统网络营销，伴随着PC和移动设备的普及而不断发展，如依据用户使用门户、搜索、电商、社交等不同网络服务及相对应的用户行为确定用户场景，智能化、针对性地展示营销内容。

3.线上+线下场景营销

即目前狭义上的场景营销，兼具了两种营销的优点，在获得现场感体验的同时，也弥补了传统场景营销效果监测的缺失。

（二）狭义的场景营销

狭义的场景营销是指基于对用户数据的挖掘、追踪和分析，在由时间、地点、用户和关系构成的特定场景下，连接用户线上和线下行为，理解并判断用户情感、态度和需求，为用户提供实时、定向、创意的信息和内容服务，通过与用户的互动沟通，树立品牌形象或提升转化率，实现精准营销的营销行为。

二、场景营销的优势

有全媒体传播学者指出，与PC时代的互联网传播相比，移动时代场景的意义大大强化，移动传播的本质是基于场景的服务，即对场景（情境）的感知及信息（服务）适配。换句话说，移动互联网时代争夺的是场景。因此，场景成为继内容、形式、社交之后媒体的另一种核心要素。当移动媒体在内容媒体、关系媒体、服务媒体三个方向上拓展时，它的主要任务就是完成信息流、关系流与服务流的形成与组织。

相较于原有的营销方式，场景营销具有以下明显优势。

（一）更切合消费者信息接收的心理特征

移动互联时代全媒体生态下的数据孤岛、注意力失焦、阅读碎片化等特征，带来前所未有的营销困扰。而场景营销，不仅满足了消费者"信息汲取"的需求，也在数字化营销手段的基础上，实现了消费者的体验升级。一方面，基于移动生态与数字需求，场景建立起用户的时态关联，实现目标消费者的多元触达和感知活化；另一方面，利用场景下的技术支持、数据创新，实现营销信息的有效传递和精准覆盖，通过建立全面的用户与市场洞察，实现有效的营销推广。

（二）情境原生，原生广告匹配场景，提升品牌体验，降低用户排斥

移动化消费时代，信息接触"高频短时"，只有代入感才能引发共鸣、实现认同。情境原生就是在最恰当时机，用最合适形式将最有价值原生内容进行传递，多种形式提升品牌关联和用户黏性，实现信息场景式传递。

对场景的解析是场景营销的关键，其成功基础在于移动互联时代用户的全部行为轨迹

得到记录。伴随着各种硬件设备的发展，对用户线下行为量化成为可能，用户线上数据和线下数据的结合使营销服务商对用户行为预测更为精准，能够帮助广告主精准锁定目标人群，通过对投放前时间、地点、年龄段、消费能力和性别等进行分析，使得投放均能够直抵广告主受众目标，并追踪投放效果；用户全生命周期的行为轨迹得到较完整记录，覆盖线下真实生活和线上数字生活，场景营销中的用户行为预测更精准。

（三）技数支持，结合技术力量和数据优势，实现用户精准定位

场景营销中的内容是围绕用户生产的，延续程序化购买的特点，以"受众购买"为立足点，围绕用户需求生产营销内容，因而场景营销内容往往具有良好体验，更易通过用户的自发互动引爆社交网络；"受众购买"思维在场景营销中得到进一步深化，围绕用户生产营销内容，实现营销内容与用户需求的契合是场景营销的显著特点。

（四）品效合一，品牌最大凸显，与线下消费直接相连

多样化推广需求，需要品牌和效果的关联统一。场景营销基于移动、个性、碎片化生态，牢牢把握消费者的变化，从沟通、兴趣，到转化、分享，不断调整投放策略，实现品牌、效果、数据、策略的整体统一。营销行为的贴近性，能有效提升购买率，优化网络营销效果监测。

（五）应用灵活，操作便利，本地广告主需求得到满足

场景营销替代了本地广告主落后、低效的传统线下营销方式，为本地广告主提供了可量化、数据化的营销服务，本地广告主如便利店、餐饮娱乐场所等的数字化营销需求可以得到极大满足。

三、场景营销的核心技术与要素

（一）场景营销的核心技术

场景营销依赖于对人线下行为的量化，线下行为的量化可通过地理围栏实现，即通过虚拟的围栏在现实环境中划出虚拟地理边界，形成特定的地理区域。当手机进入、离开该区域，或在该区域内活动时，手机可接收设备发出的自动通知和提示。

根据覆盖范围的不同，地理围栏应用不同的设备和技术：①覆盖范围在200米到1000米时，通过GPS或Wi-Fi识别；②在对精度要求更高的情况下，如小于50米时，通过设备识别。基于地理围栏技术，营销服务商可在用户进入某一特定场景时，触发对用户

的操作，完成营销行为。

Wi-Fi 探针是实现地理围栏技术的一种方式，利用 Wi-Fi 模块发出的无线广播信号进行设备感知。通过 Wi-Fi 探针技术，不论用户的手机是否连接到 Wi-Fi 热点，均可获知用户经过该 Wi-Fi 热点的时间，并可获得用户的手机身份，记录用户的线下行为轨迹。

（二）场景营销的核心要素

场景营销代表着网络营销向线下的渗透，网络营销服务商用互联网的方式改造传统线下营销，是"互联网+"在营销领域的集中体现。在场景营销中，场景、数据、算法和体验是核心要素。

1. 场景

场景营销的发展得益于联网场景的不断丰富和完善，尤其伴随着移动设备的大量普及和移动应用的快速发展，为场景营销的实施提供了技术基础。衣食住行等生活场景是目前场景营销中重点关注的细分场景，场景为营销信息和内容提供了新的触达环境。

2. 数据

数据包括场景数据和用户数据，在场景数据的基础上，挖掘、追踪、记录和分析用户线下数据，通过对用户线下数据和线上数据的融合，实现对用户线上加线下完整行为轨迹分析，完成对用户的多维、立体画像，为预测用户行为提供基础。

3. 算法

数据是场景营销的基础，而让数据发挥价值依赖于高效的算法。算法基于大量数据的训练，为处理更大数据提供可能，算法和数据在场景营销中互为促进。目前场景营销中应用的主要算法有分类算法、推荐算法等。

4. 体验

场景营销使营销内容无时无刻不呈现在用户面前，成为伴随用户数字生活和现实生活的一部分。体验在场景营销中变得极为重要，这对营销内容、展现方式、用户互动等都提出了较高的要求，即如何达到营销效果和用户体验的平衡。

四、场景的特性

时间、地点、用户和关系构成场景，这四个变量任一变量发生变化，场景随之发生改变。进行场景营销，需要把握场景的特性。

（一）瞬时性

人不可能两次进入同一场景，这要求场景营销做到实时化，每个时刻的营销都随场景变化。

（二）连续性

上一个场景的结束紧接着下一场景的开始，这要求场景营销做到无缝连接，无间断进行。

（三）关联性

不同场景之间可以发生任意转化，这要求场景营销能做预判，准备多套营销方案随场景迁移补充或替代。

（四）情感性

不同的场景氛围，带给人不同的感受，引发人的不同情感，这要求场景营销能体会用户在不同场景下的情感诉求，契合、烘托用户在相应场景下的情感，实现营销内容和用户的情感共鸣。

五、场景营销的未来展望

未来，人类将处在大数据时代，智能手机及各种传感器将人类的一举一动、一言一行都进行记录、存储，人类生活的社会将变成一个巨大的数据库，技术的发展为预测人类行为提供了可能。场景营销发展的核心便在于预测用户行为，用户每时每刻产生的数据，都被场景营销产业链中各环节上的企业用于细分研究、行为研究、留存研究、媒介接触习惯研究等，从而更好地服务营销行为，提升营销效率。

在物联网时代，各种信息传感设备，如射频识别装置、红外感应器、iBeacon 设备等与互联网结合形成一个巨大复杂的网络，覆盖广泛丰富的场景，语音识别、图像识别、体感互动和情绪感知等技术的发展，将实现对人的全面感知。与此同时，随着 VR/MR/AR 技术的发展，线下场景与线上场景间的界限将渐渐模糊，两者高度融合，真实与虚拟交织，共同构筑出新的场景，这将对场景营销的体验带来颠覆性的改变，场景营销的前景更加广阔。

第三节 直播营销

一、网络直播业概况

（一）直播平台的分类

直播平台大致可分为以下四类。

1. 泛娱乐类平台

泛娱乐类平台，是与主播高度相关的直播类型，直播的主要内容在于观众和主播的交流互动，带有较强的情感色彩与社交属性，未来发展主要集中在内容升级层面。因主要为UGC内容（用户生产内容），企业除基础运营费用外，投入较少，同时相关主播资源丰富，是四大类直播平台中准入门槛最低的一类，占比超半数。

2. 游戏类平台

游戏直播伴随着游戏产业的兴起而发展，通过评论、弹幕等与用户实时交互，以游戏直播内容为主的直播平台。该类型直播与游戏厂商关系密切，人群垂直度较高，因此一直处于稳定发展阶段，平台数量无明显增长，在所有平台中占比18.0%。

3. 垂直类直播平台

随着移动直播技术的兴起，及用户对直播热情的提高，"直播+"发展迅速，作为一个传播载体，可以与其他行业良好的结合并获得"1+1>2"的效果。目前主要有"电商直播""旅游直播"和"财经直播"等，其占比达27.8%，仅次于泛娱乐类直播平台。

4. 版权类直播平台

版权类直播平台，包括电视直播、活动直播及自制节目直播，属于较为传统的直播类型，以第三方客观角度对活动现场情况进行传递。因电视台及相关活动资源稀缺，平台数量相对较少，仅占3%。

（二）各类直播平台在用户付费方式上的区别

目前移动直播平台的主要营收依然集中在用户付费方式上，泛娱乐类、游戏类直播与版权类直播在用户付费方式上有所区别。

1. 泛娱乐、游戏类内容

泛娱乐、游戏类直播平台是根据用户互动打赏分成获得营收，平台依据发展状况及不同主播间的创收能力制定分成规则。流量越充足、互动频率越高的平台给主播带来的收益越大，与此同时也会抽取较高比例的分成。主播与平台间是协同发展关系。

2. 版权类内容

版权类直播平台以内容的观看价值为主，互动性较弱，因此，此类用户付费方面以增值服务为主。目前，优秀内容如演唱会直播、大型活动直播等依然为稀缺资源，因此，付费观看为主要营收方式，同时提供免看广告和个性化定制等增值服务。

从行业整体来看，泛娱乐类、游戏类直播的用户付费方式以打赏付费为主，版权类直播的用户付费以提供用户增值服务为主。

二、网络直播快速发展的原因

网络直播在我国的快速发展，大致有以下几个原因。

1. 智能手机的普及使直播从 PC 端向移动端转化

传统的在线直播需要一台 PC 和一个账号，而智能手机的普及摆脱了直播硬件的桎梏，成本也更低，人人都能参与，且携带便捷，用户掏出手机就能开播。

2.5G 网的出现让直播随时随地就能玩

5G 网络通信速度快、智能性能高且资费便宜，为用户随时随地玩直播提供了条件。

3. 媒体演进呈现富媒体化

互联网时代信息化传播工具历经了从文字到图片到语音再到视频的进化，视频直播成为人们分享交流的新方式。社交平台完成了"文字—图片—语音—视频—视频直播"的进化。

4. 资本抢滩移动直播

如果说以上几点是移动直播火爆的必要土壤，那么资本的抢滩就是点燃这把火的重要催化剂。国内几大巨头（如腾讯、阿里、新浪、360 等）也纷纷步入移动直播领域，移动直播作为互联网元素的集大成者，正逐渐成为新一轮争抢阵地。腾讯投资斗鱼，并推出自己的腾讯直播。新浪继秒拍后一如既往地跟一直播深度合作，阿里将优酷和微博变成自家的营销平台，360 也参与投资花椒，足见商界对移动直播领域的看好。

三、直播营销的优势

从电视到互联网、从 PC 到手机、从微博到微信，每一次的媒介变革都带来了一场营销革命。直播营销是一种营销形式上的重要创新，也是非常能体现出互联网视频特色的板块。对于广告主而言，直播营销有着极大的优势。

第一，某种意义上，直播营销本身就是一场事件营销。除了本身的广告效应，直播内容的新闻效应往往更明显，引爆性也更强，可以更轻松地进行传播和引起关注。

第二，能体现出用户群的精准性。在观看直播视频时，用户需要在一个特定的时间共同进入播放页面，但这其实与互联网视频所倡扬的"随时随地性"背道而驰。但是，这种播出时间上的限制，也能够真正识别出并抓住这批具有忠诚度的精准目标人群。

第三，能够实现与用户的实时互动。相较传统电视，互联网视频的一大优势就是能够满足用户更为多元的需求。不仅仅是单向的观看，还能一起发弹幕吐槽，喜欢谁就直接献花打赏，甚至还能动用民意的力量改变节目进程。这种互动的真实性和立体性，也只有在直播的时候能够完全展现。

第四，深入沟通，情感共鸣。在这个碎片化的时代里，在去中心化的语境下，人们在日常生活中的交集越来越少，尤其是情感层面的交流越来越浅。直播，这种带有仪式感的内容播出形式，能让一批具有相同志趣的人聚集在一起，聚焦在共同的爱好上，情绪相互感染，达成情感气氛上的高度凝聚和激发。

第五，营销效果直接。在变现上，依托便捷的互联网支付渠道，用户的打赏和购买行为可以迅速完成，进而可以帮助直播平台形成稳定的现金流。

四、直播营销模式

直播作为互动性与实时性极强的社交媒体平台，其营销优势主要体现在提供用户的真实使用场景，增加产品体验感。此外，用户的高频互动行为可使营销者实时接收到营销效果反馈，即时解决用户问题，增强营销效果。直播营销模式主要有以下几种。

（一）直播 + 发布会

"直播 + 发布会"已成为各大品牌抢夺人气、霸占流量和制造热点的营销法宝。

（二）直播 + 产品体验

产品体验通过邀请人气网红站台背书，往往能为品牌带来人气迅猛提升，形成良好的广告转化效果。该形式适用于快消（如食品、饮料、化妆品、服装、日化）、3C 数码、智能硬件、景区、餐饮、娱乐、线下服务等多个行业，是个普适性极高的玩法。

（三）直播 + 解密

"直播 + 解密"是行业内较为创新的营销方法，通过"网红记者"将不利于传播、不被公众熟知的品牌优势传播出去。例如，有趣的产品制造过程、不好表达的企业实力、小众的产品或服务以及美容整形过程等。

（四）直播 + 广告植入

广告植入一直以来都备受品牌偏爱，通过直播口播或原生内容插入的形式既摆脱了生硬传播，同时更能收获粉丝好感，获得良好转化效果。

（五）直播 + 名人访谈

企业"大佬"参与访谈直播，对于传递企业文化、提升企业知名度及市场好感度、塑造良好的企业公关形象等都起着积极作用，是一种十分值得尝试的直播营销方法。

（六）直播 + 产品售卖

"直播 + 产品售卖"将流量变现、产品售卖紧密结合，成了当下的变现利器。

五、直播营销操作流程

无论是大品牌还是个人，在利用直播进行营销时往往离不开以下几个流程。

（一）精确的市场调研

直播是向大众推销产品或者个人，推销的前提是我们深刻地了解到用户需要什么，我们能够提供什么，同时还要避免同质化的竞争。因此，只有精确地做好市场调研，才能做出真正让大众喜欢的营销方案。

（二）项目自身优缺点分析

做直播，营销经费充足，人脉资源丰富，可以有效地实施任何想法。但对于大多数公司和企业来说，没有足够充足的资金和人脉储备，这时就需要充分发挥自身的优点来弥补。一个好的项目不仅仅是靠人脉、财力的堆积就可以达到预期的效果，只有充分地发挥自身的优点，才能取得意想不到的效果。

（三）市场受众定位

营销能够产生结果才是一个有价值的营销，我们的受众是谁，他们能够接受什么，等等，都需要做恰当的市场调研，只有找到合适的受众才是做好整个营销的关键。

（四）直播平台的选择

直播平台种类多样，根据属性可以划分为不同的几个领域。例如，如果做电子类的辅助产品，虎牙 App 是个不错的选择；直播推销衣服、化妆品，淘宝 App 及美妆 App 将会带来意想不到的流量。所以，选择合适的直播平台也是关键。

（五）良好的直播方案设计

做完上述工作之后，成功的关键就在于最后呈现给受众的方案。在整个方案设计中需要销售策划及广告策划的共同参与，让产品在营销和视觉效果之间恰到好处。在直播过程中，过分的营销往往会引起用户的反感，所以在设计直播方案时，如何把握视觉效果和营销方式，还需要不断地商讨。

（六）后期的有效反馈

营销最终是要落实在转化率上，实时及后期的反馈要及时跟上，同时通过数据反馈可以不断地修整方案，将营销方案的有效性不断提高。

第四节 VR 营销

一、虚拟现实相关概念

虚拟现实技术（VR）是一种计算机仿真系统，通过对三维世界的模拟，创造出一种崭新的交互系统。它利用计算机生成一种模拟环境，是一种多源信息融合的交互式三维动态视景和实体行为系统仿真，并使用户沉浸到该环境中。在产业界，将虚拟现实定义为三类技术应用方式：虚拟现实（VR，Virtual Reality）、增强现实（AR，Augmented Reality）和混合现实（MR，Mixed Reality）。实际上，在学术界的划分中，混合现实技术还分为增强现实和增强虚拟环境（AVE，Augmented Virtual Environment）两类。

简单来说，虚拟现实（VR），看到的场景和人物全是虚拟的，是把人的意识代入一个虚拟的世界。增强现实（AR），看到的场景和人物一部分是真实的，一部分是虚拟的。它通过电脑技术，将虚拟的信息应用到真实世界，真实的环境和虚拟的物体实时地叠加到了同一个画面或空间。VR 的视觉呈现方式是阻断人眼与现实世界的连接，通过设备实时渲染的画面，营造出一个全新的世界。AR 的视觉呈现方式是在人眼与现实世界连接的情况下，叠加全息影像，加强其视觉呈现的方式。

混合现实（MR），既包括增强现实和增强虚拟，指的是合并现实和虚拟世界而产生的新的可视化环境。在新的可视化环境里物理和数字对象共存，并实时互动。

从概念来看，AR 和 MR 并没有明显的分界线，都是将虚拟的景物放入现实的场景中。在 AR 的视界中，出现的虚拟场景通常都是一些二维平面信息，这些信息甚至可能和我们目前看到的事物无关，功能只是在不影响我们正常视线的情况下起到提示的作用，所以这些信息会固定在那里，无论我们看哪个方向，该信息都会显示在我们视野中这个固定的位置上。而 MR 则是将虚拟场景和现实融合在一起，只有我们看向那个方向的时候，才会看到这些虚拟场景，看向其他方向的时候就会有其他的信息显示出来，而且这些信息和背景的融合性更强。简单来说，虚拟信息如果跟随视线移动就是 AR，如果相对于真实物品固定就是 MR。

二、虚拟现实技术的特点

虚拟现实基于动态环境建模技术、立体显示和传感器技术、系统开发工具应用技术、实时三维图形生成技术、系统集成技术等多项核心技术，主要围绕虚拟环境表示的准确性、虚拟环境感知信息合成的真实性、人与虚拟环境交互的自然性、实时显示、图形生成、智能技术等问题的解决使得用户能够身临其境地感知虚拟环境，从而达到探索、认识客观事物的目的。虚拟现实具有以下三个重要特征，常被称为虚拟现实的 3I 特征。

（一）构想性

构想性是指虚拟的环境是人想象出来的，同时这种想象体现出设计者相应的思想，因而可以用来实现一定的目标。所以说虚拟现实技术不仅仅是一个媒体或一个高级用户界面，同时它还是为解决工程、医学、军事等方面的问题而由开发者设计出来的应用软件。虚拟现实技术的应用，为人类认识世界提供了一种全新的方法和手段，可以使人类跨越时间与空间，去经历和体验世界上早已发生或尚未发生的事件；可以使人类突破生理上的限制，进入宏观或微观世界进行研究和探索；也可以模拟因条件限制等原因而难以实现的事情。

（二）沉浸感

沉浸感是指用户感受到被虚拟世界所包围，好像完全置身于虚拟世界之中一样。虚拟现实技术最主要的技术特征，是让用户觉得自己是计算机系统所创建的虚拟世界中的一部分，使用户由观察者变成参与者，沉浸其中并参与虚拟世界的活动。沉浸性来源于对虚拟世界的多感知性，除了常见的视觉感知外，还有听觉感知、力觉感知、触觉感知、运动感知、味觉感知和嗅觉感知等。理论上来说，虚拟现实系统应该具备人在现实世界中具有的所有感知功能，但鉴于目前技术的局限性，在现在的虚拟现实系统的研究与应用中，较为成熟或相对成熟的主要是视觉沉浸、听觉沉浸、触觉沉浸技术，而有关味觉与嗅觉的感知技术正在研究之中，目前还很不成熟。

（三）实时交互性

实时交互性是指用户对模拟环境内物体的可操作程度和从环境得到反馈的自然程度。交互性的产生，主要借助于虚拟现实系统中的特殊硬件设备（如数据手套、力反馈装置等），使用户能通过自然的方式，产生同在真实世界中一样的感觉。虚拟现实系统比较强调人与虚拟世界之间进行自然的交互，交互性的另一个方面主要表现了交互的实时性。

三、VR营销的优势

可以说，VR虚拟现实技术已经成为全球品牌的创新营销武器，其所带来的虚拟、沉浸式体验，是电视、广播、户外、杂志或是网络等其他媒介形式所望尘莫及的。

（一）提供更诱人的"虚拟试用"，产生即时消费冲动

许多传统营销都还不够生动深度触及营销的本质——刺激促成购买产生，而如果能够借助VR设备虚拟出使用体验，则可更有效说服消费者，促成购买交易。

在医学里，虚拟现实也可以在很多方面帮助医疗厂商有效推广产品。例如，一家制造偏头痛药物的公司就生产了一台基于虚拟现实的交互式症状模拟器，让人能感受某种疾病给患者本身所带来的痛苦。这不仅可以推销他们的产品，还可以提高人们对非可见慢性疾病的关注。这项VR技术可以帮助到患有慢性疾病的患者，如焦虑症患者、创伤性后遗症患者等。另外，虚拟现实营销还可以展示某个治疗手段或者某种药物是如何减轻患者的痛苦的。

（二）带来逼真的广告，提升产品美誉度

有很多品牌无法直观展示其复杂的内容与特性，如仅依靠传统的电视、广播、户外、杂志或是网络等呈现，已不能激发消费者的欲望，难以达到广而告之的目的。但若通过虚拟现实就可以非常直观、逼真、三百六十度地展示给消费者，例如，向潜在客户解释复杂技术并介绍制造工艺，或者直接远程体验产品的生产线等。

（三）改变购物体验，方便消费者作出购买决策

VR 正在从各个视角给消费者创造机会带来新奇体验，同时也为电子商务带来了前所未有的、近乎真实生活中的购物体验。

阿里巴巴成立 VR 实验室，实施 Buy+ 计划，全面布局 VR。Buy+ 是通过 VR 技术最大程度搭建出真实的异地购物场景，实现足不出户买遍世界。

使用 Buy+，即使身在国内某个城市的家中，消费者戴上 VR 眼镜，进入 VR 版淘宝，就可以选择去逛纽约第五大道，也可以选择英国复古集市，让你身临其境地购物，"全世界去买买买"。简单来说，消费者可以直接与虚拟世界中的人和物进行交互，甚至将现实生活中的场景虚拟化，成为一个可以互动的商品。例如，在选择一款沙发的时候，消费者再也不用因为不太确定沙发的尺寸而纠结。戴上 VR 眼镜，可直接将这款沙发"放"在家里，尺寸、颜色是否合适，一目了然。

（四）实时数据收集，据此改善营销状况

当下 VR 技术与数字营销正在迅速配对，帮助企业推动品牌的未来营销。借助越来越庞大的用户群，进行实时客户数据收集可以帮助公司快速调整自己的市场营销策略。

例如，如果一项虚拟现实营销项目效果并不理想，那么该品牌可以根据 VR 技术设备数据反馈快速制定新的策略，以迎合大众消费者的实际需求。VR 头显的出现，可以让消费者更容易地识别商品信息，易与商场、厂商间接地"交流"，也让商场、厂商能记录消费行为、倾向。如果企业做的是化妆品和服装的销售，可以尝试利用 VR 更新商品的外观，让顾客在虚拟世界中"试穿""试用"，并把效果分享到社交平台，企业也据这些数据、意见重新制定新的营销策略。

四、VR 营销策略

（一）根据产品定位选择适合的 VR 演示方式

企业的产品故事是什么，很大程度上决定了企业需要为产品提供怎样的 VR 体验方式。例如，企业仅仅只想展示一个房间，一个场所，或者一款产品，那么可以考虑使用 360 度视频，比如用一块纸板、两个透镜以及一块磁铁做成的 VR 眼镜；如果同时还想让用户能控制他们的方向，可能就需要加入更复杂的技术。如果展示中包含地点变更、操作指南，或者导航等技术，企业还需要为 demo（样片）加入一个菜单，并且将操作定义清楚，确

保用户在体验过程中能够理解和接受产品想要表达的东西。

（二）选择最适合的 VR 平台

对于目前市面上的 VR 产品/平台，有几点因素是需要企业在做决定之前充分考虑到的。一是希望提供的 VR 体验有多深入？如果只想展示一个 360° 视频，那么选择 Google Cardboard 或 GearVR 技术就可以满足需求。如果希望提供更多的交互，那么就需要选择支持传感器追踪，并有运算性能保障的高端 VR 头显。

制作 VR demo(样片)提供 VR 体验同样也需要考虑体验时长，它不仅和目标受众有关，也受到所用的 VR 技术、demo 成本以及演示场所的影响。如果希望在某个大型展会上让用户在你的展台驻足进行体验，一般将 VR demo 的时长控制在 3～5 分钟，这是因为参展的用户通常希望快速地了解你的产品是什么，然后跑到下一个展台去，他们不会停留得太久，而且时间太久容易产生眩晕感。

二是企业的预算是多少？Google Cardboard 提供了入门级的 VR 体验，售价不贵，一般一个 VR 头显在 200 元左右。而 Oculus Rift DK2 售价在 2000 元左右，消费者版预订价更贵，达到了 4000 元左右。如果辛苦制作出来的 VR demo 因为产品太贵，只有一小部分人才能看，就达不到推广产品的效果。

（三）结合产品定位，借助 VR（样片）让产品有超凡体验与动感故事

VR 能在营销界成为热点的原因，就是它可让人身临其境地去到任何一个场景。因此，产品定位是在制作 VR demo 时最优先考虑的，如何借助虚拟现实使产品更好地讲故事、更好体现品牌的精神是整个体验的核心。

（四）选择合适的合作者

VR 是一项有门槛的新技术，要想做出更好的 VR 体验，需要企业在寻找 VR 人才或代理公司时尤为重视对方在该领域的技术积累和成果。如果找错了人，或者干脆自己埋头来做，可能导致所制作出来的 demo 在体验效果上达不到任何宣传的作用，甚至让观看者产生眩晕感。

帮助企业制作 VR demo 的合作单位必须要对虚拟现实有充分的了解和相关的制作经验，知道要维持一个舒适的体验效果的标准是什么，以及如何进行优化，如帧率的选择在哪个范围区间对用户而言是最好的，等等。

参考文献

[1] 张爱萍 . 新媒体营销 [M]. 长春：吉林出版集团股份有限公司，2020.

[2] 王辉 . 新媒体实战营销 [M]. 北京：中译出版社，2020.

[3] 成旺坤 . 自媒体时代我们如何玩转营销 [M]. 北京：中华工商联合出版社，2020.

[4] 余敏，陈可，沈泽梅 . 营销策划 [M]. 北京：北京理工大学出版社，2020.

[5] 马宝龙，王高 . 认识营销 [M]. 北京：机械工业出版社，2020.

[6] 王青云 . 营销一板砖谈古论今说营销 [M]. 北京：中国经济出版社，2020.

[7] 王震 . 网络营销与网上创业 [M]. 北京：首都经济贸易大学出版社，2020.

[8] 周锡飞 . 国际营销理论与实战 [M]. 北京：北京理工大学出版社，2020.

[9] 罗建幸 . 营销基本功 [M]. 北京：机械工业出版社，2020.

[10] 司占军，贾兆阳 . 数字媒体技术 [M]. 北京：中国轻工业出版社，2020.

[11] 黄权旺 . 新媒体运营 [M]. 石家庄：花山文艺出版社，2020.

[12] 刘述文 . 品牌创意营销找准品牌原力，做对营销创意 [M]. 北京：中国经济出版社，2020.

[13] 胡凯 . 玩赚自媒体建号、引流、变现到 IP 打造 [M]. 北京：中国铁道出版社，2020.

[14] 蒋珍珍 . 新媒体美工设计营销实战手册 [M]. 北京：中国铁道出版社，2019.

[15] 向登付 . 新媒体运营与营销实操手册 [M]. 北京：中国商业出版社，2019.

[16] 马勇总，黄鹂，杨洋 . 会展营销 [M]. 武汉：华中科技大学出版社，2019.

[17] 禤圆华 . 网络营销 [M]. 北京：中国财富出版社，2019.

[18] 黄益 . 互联网时代背景下新媒体营销策略研究 [M]. 长春：吉林大学出版社，2019.

[19] 李桂鑫，张秋潮，林颖 . 电子商务实战基础：新媒体营销实战 [M]. 北京：北京理工大学出版社，2019.

[20] 李喆，刘华 . 品牌管理与营销 [M]. 北京：中国纺织出版社，2019.

[21] 刘冰 . 网络营销策略与方法 [M]. 北京：北京邮电大学出版社，2019.

[22] 王武林 . 全媒体环境下的中国动漫产业研究 [M]. 长沙：湖南师范大学出版社，2018.

[23] 周敏 . 移动互联网时代的传媒变革全媒体整合营销实践手册 [M]. 广州：羊城晚报出版社，2018.

[24] 吕巍，周颖. 广告学全媒体营销沟通 [M]. 北京：北京师范大学出版社，2018.

[25] 陈红霞，谢爱萍. 乡村自媒体营销 [M]. 北京：北京邮电大学出版社，2018.

[26] 吉峰，牟宇鹏. 新媒体营销 [M]. 徐州：中国矿业大学出版社，2018.

[27] 单勤琴. 新媒体营销案例策略的研究 [M]. 长春：东北师范大学出版社，2018.

[28] 刘艳红，林靖宇，黄颖."旅游 + 互联网"情境下的自媒体营销 [M]. 北京：中国旅游出版社，2018.

[29] 王海宁. 营销十年 [M]. 北京：企业管理出版社，2018.

[30] 王斐，罗军. 营销策划 [M]. 北京：北京理工大学出版社，2018.

[31] 林颖. 电子商务实战基础新媒体营销实战 [M]. 北京：北京理工大学出版社，2018.

[32] 彭雷清. 内容营销新媒体时代如何提升用户转化率 [M]. 北京：中国经济出版社，2018.

[33] 胡文静，郑彤彤，柳彩莲. 新编市场营销学 [M]. 武汉：华中科技大学出版社，2018.